Carlo Cianciabella

L'Eucaristia in Marco tra Parola e Convivio

Carlo Cianciabella

L'Eucaristia in Marco tra Parola e Convivio

per una riscoperta della vocazione dell'uomo

Edizioni Sant'Antonio

Cover image: Fornito dall'autore

Publisher:
Edizioni Accademiche Italiane
is a trademark of
International Book Market Service Ltd., member of OmniScriptum Publishing Group
17 Meldrum Street, Beau Bassin 71504, Mauritius

Printed at: see last page
ISBN: 978-613-8-39154-8

Pane al pane e vino al vino!

Abbiamo il piacere di presentare il volume di Carlo Cianciabella, che si colloca tra la riflessione sacramentale, la teologia biblica e la ricerca antropologica; questo intreccio non è casuale perché tradisce il fatto che l'Eucaristia, celebrazione memoriale del momento culminante dell'autodonazione di Dio alla nostra umanità, non può non implicare la rivelazione biblica, che la porta alla luce; la ricerca religiosa che ne avverte il presentimento; e la stessa laicità, che ne vuole salvaguardare le molteplici espressioni; infatti, la parola e il banchetto sono dati essenziali della condizione umana; la teologia, sulla linea della Santa Scrittura, li assume nella loro pregnanza e, nell'orizzonte della prospettiva sacramentale, dispiega un orizzonte di ulteriorità.

Il giovane autore si è lasciato sfidare da questa complessità sviluppando la ricerca nella benefica tensione tra le due affermazioni bibliche; la prima è della Genesi e corrisponde al divieto di mangiare dall'albero proibito: non mangerete! La seconda è degli evangelisti e corrisponde all'invito di Gesù "prendete e mangiate".

L'accostamento è certamente suggestivo, tanto più se consideriamo che la fame e sete dell'uomo sono espressioni dalla forte intonazione simbolica; esse, infatti, portano alla luce il desiderio di conoscenza, di vita, di pienezza che, se portato avanti con la consapevolezza del dono, dell'essere gratuiti e del restare gratuiti agli altri, realizzano la prospettiva del paradiso in terra; se invece è segnato dall'incoscienza di chi non riconosce il tratto essenziale della sua creaturalità e proclama la propria autodivinizzazione, espone all'arroganza, al dominio, alla prevaricazione, all'inferno in terra, compromettendo la storia della persona, della comunità, del cosmo stesso.

Ma Dio non è il concorrente dell'uomo, piuttosto è il suo alleato; la sua nuova ed eterna alleanza, che, presentita dalla ricerca dell'uomo e preparata dalla promessa dell'Antico Testamento, finalmente viene alla piena luce nelle parole e nei gesti dell'ultima cena; essa viene narrata dagli evangelisti Matteo, Marco, Luca e da Paolo, mentre viene presupposta da Giovanni; essa rappresenta il momento culminante della vita di Gesù, da lui ardentemente desiderata; infatti, attraverso di essa l'uomo è introdotto in quel *regno* di Dio, non a caso simboleggiato dal banchetto della reciproca condivisione, che ha come caratteristica fondamentale appunto la *regalità* intesa come darsi, ovvero il recupero della vita come regalo, ricevuto prima e poi donato, e per questo sporgente verso il rendimento di grazie!

La riflessione di Carlo Cianciabella, in particolare, ha voluto far tesoro dell'apporto del vangelo di Marco, rileggendolo nel suo potenziale di comunicazione divina; egli, lavorando attentamente alla molteplici pericopi, ne scopre il crescendo, nel quale la parola e il gesto si intrecciano in un continuo e reciproco illuminarsi fino all'ultima cena: qui la parola si dona nel pane spezzato e il pane e il vino condivisi sono illuminati dalla parola definitiva della relazione di Dio all'uomo: "questo è il mio corpo dato per voi e per tutti". Ma l'ultima cena, presuppone la penultima, anzi lo stile conviviale di Gesù, che con la sua parola e i suoi gesti è passato sanando tutti dalle loro infermità e proclamando l'avvicinarsi incalzante e progressivo di Dio all'uomo.

Alla luce del percorso marciano puntualmente ricostruito da Cianciabella, anche alla luce della promessa veterotestamentaria e delle premesse dell'esperienza 'religiosa' umana, finalmente si può mangiare e bere perché l'alleanza è stata istituita per sempre e per tutti; essa comporta da un lato, l'annunzio della piena disponibilità dell'amore trinitario di Dio, che si dona nel Figlio parola/gesto concreto e nello Spirito alito della nuova e definitiva ri-creazione; dall'altro lato, comporta l'annunzio bello (evangelo) all'uomo che ogni suo desiderio e attesa sono espressione di una fame e sete di verità, di pace, di giustizia, di pienezza di vita-nell'amore che non vanno negate; piuttosto, Dio vuole portarle a realizzazione, non da solo ma banchettando con lui.

Così, alla tentazione, originante e sempre insorgente della auto divinizzazione dell'uomo, risponde il dono della vita piena di Dio e quindi della divinizzazione dell'uomo, donata in Gesù Cristo e resa intima dal suo Spirito, attraverso il processo assimilativo mai concluso del prender e mangiare eucaristico.

Ma l'eucaristia è la forma più alta della "autorealizzazione" della Chiesa in quanto si lascia plasmare dall'evento del Cristo; infatti, la comunità cristiana, come rileva opportunamente Cianciabella, attinge continuamente a questo banchetto per lasciarsi ricostruire nella dimensione della convivialità e della comunione interpersonale; ma essa, prendendo la forma visibile della condivisione dei pani per tutti e del vino, che allieta il cuore dell'uomo, ha il compito di annunziare e di fare intravedere la festa e un futuro degno dell'uomo e della creazione.

Don Cosimo Scordato

Introduzione

Il rapporto di continuità tra la Parola (verbo di Dio incarnato) e il suo essersi fatto pane per gli uomini, nel vangelo di Marco sembra emergere in maniera evidente da divenire per me oggetto di studio. Una continuità d'essere che non smette di lasciarsi ascoltare come Parola di Dio che, nella persona di Gesù Cristo, si fa cibo per essere mangiata; che abbraccia una doppia valenza nella sua eternità e nella sua azione incessante per la salvezza dell'uomo. Mangiare l'Eucaristia significa lasciarsi raggiungere e lasciarsi assimilare dalla Parola che dà nutrimento per la vita: la Parola precede e si fa Pane (cf. Gv 6, 35).

È la modalità per mezzo della quale Dio, nella persona del Figlio Gesù, cerca di ripristinare la precedente caduta a causa del mancato ascolto della stessa Parola di Dio e rilanciare un rapporto ancora più profondo con l'uomo. Una infrazione che si è concretizzata nel «prendere e mangiare» il frutto proibito (cf. Gn 3,6); una disobbedienza, dalla conseguenza mortale, risanata dalla Parola che diventa cibo: «prendete, questo è il mio corpo» (Mc 14,22), e da qui l'intensificarsi della nuova ed eterna relazione nell'Alleanza nel corpo di Gesù Cristo.

La circolarità tra rivelazione di Dio e cibo nella Sacra Scrittura è una costante che in Gesù di Nazareth trova il suo compimento: ad esempio, l'episodio che vede Israele affrontare il nemico della fame nel deserto e il conseguente intervento di Dio a suo favore, con il dono del cibo particolare della manna e delle quaglie che aveva sfamato il popolo durante la peregrinazione, segno della provvidente presenza di YHWH lungo la via della libertà (cf. Es 16,1–16). O ancora, Elia e il dialogo con la vedova, sul ciglio della morte, prova cosa significhi ascolto e assimilazione della Parola di Dio, nella richiesta del profeta, di cuocere e consumare l'ultimo pane. La Parola si era posta al limite della fiducia (della morte) della donna che aveva creduto e che aveva visto realizzata la profezia dopo l'ultimo pane (cf. 1 Re 17,7-16). Una continuità con quanto è avvenuto nel lago di Tiberiade, dove Gesù ha moltiplicato i pani contro la sfiducia dei Suoi che non hanno saputo «sfamare» le folle. Ed ancora, la contestualizzazione che l'evangelista Marco fa dell'apparizione di Gesù risorto ai Suoi mentre si trovavano a mensa (cf. Mc 16,14).

Si tratta di analizzare la trasformazione antropologica dell'uomo, profetizzata da Geremia ed Ezechiele, del suo ritornare a Dio da uomo con tutti i gesti della sua umanità.

La Parola sempre eterna nel seno di Dio Padre, nell'avere assunto l'umanità, ha parlato all'uomo rivelandogli il mistero di Dio uno e trino. Il Cristo che si è fatto carne, uomo come noi, non ha smesso di rimanere con noi con la sua presenza sacramentale nella storia degli uomini attraverso la Parola divenuta Pane (Eucaristia) per sua volontà, come continua incarnazione di sé nel mondo.

Il principio della continua incarnazione del Figlio di Dio nella Chiesa, come sua costante presenza nel mondo, è il perpetuare del mistero eucaristico, della morte e della risurrezione di Cristo, quale epifania e modello perfetto dell'incontro tra Dio e l'uomo nella reciproca compenetrazione dell'alleanza.

Lo studio teologico non può mai prescindere dall'approccio alla Scrittura; esso si alimenta della Parola ispirata per tentare di comprendere ciò che il mistero di Dio vuole svelare di sé per la Sua comprensione a favore dell'uomo. Il dato rivelato è fondamento del discorso teologico perché si arrivi alla formulazione di dogmi e dottrine. Il testo ispirato va ben oltre il contesto dentro cui è inserito l'autore sacro. Sebbene influenzato dalla situazione socio-culturale di appartenenza, ciò che gli è dato di trasmettere porta sempre con sé un superamento della storia capace di parlare di Dio ad ogni uomo, in ogni tempo.

La teologia è dunque l'esplicazione del dato rivelato, la spiegazione del coniugarsi di Dio con l'uomo. Essa deve saper cogliere, a partire da quanto è stato trasmesso, ciò che è propriamente di Dio e che Dio stesso vuole condividere con l'uomo, da Lui raggiunto.

A fronte di quanti sostengono non esserci continuità tra il Gesù storico e ciò che è divenuta prassi nella Chiesa, sostenendo esserci una differenza d'intenzione, credo sia imprescindibile non smettere di interrogare il dato rivelato nella sua peculiare caratteristica ultima e definitiva insita della rivelazione di Dio nella persona del Figlio, incarnatosi e fattosi uomo, Gesù Cristo. Il Figlio, che è la Parola vivente del Padre, è venuto a portare in mezzo all'uomo il regno di Dio (cf. Mc 1,15). Egli stesso è dunque *eschaton* che parla. La Sua Parola è il culmine e il criterio vincolante della rivelazione, rivelandosi così come egli è secondo un progressivo divenire che accompagna l'uomo nella comprensione del mistero di Dio.

In particolare, nel contesto di mensa (eucaristica), il vangelo di Marco sembra voler sottolineare tale accostamento come linea teologica e forza rivelativa che va oltre ogni evento puntuale. Gesù Cristo si è presentato come il pedagogo che ha assunto l'umanità, le caratteristiche antropologiche, perché la Sua trascendenza si sia potuta rendere accessibile al sentire più intimo di ogni uomo, israelita e non. L'accoglienza è passata attraverso l'annuncio della Sua Parola contenente la dimensione escatologica che, per essere compresa come tale, deve essere annunciata nel contesto del tutto particolare per l'uomo: la mensa. Questo consente non solo la comprensione di Gesù, ma anche il passaggio e la continuità tra Gesù e la Sua presenza nelle comunità cristiane, nella Chiesa «istituzione».[1]

Il significato escatologico non può perdersi nella mancata parusia, non accaduta al tempo delle primissime comunità cristiane. La fine, anzi, il fine di ogni cosa è contenuto nella Parola trasmessa e vissuta come tale. La parusia sarà solo la conferma o meno dell'adesione a Colui che della Parola ne ha fatto nutrimento. Il perpetuarsi dei banchetti eucaristici è fondamento della comprensione e adesione escatologica alla Parola di Dio fatto uomo nella persona di Gesù, quale evento di festa capace di ridare all'uomo quanto perduto con la sua caduta nel peccato adamico, e di incrementare l'assimilazione di Dio.

Con la presente ricerca ho voluto attenzionare il continuo accostamento che l'evangelista Marco ha posto tra Gesù e la mensa. Tra i vari testi analizzati, esegetici e teologici, non mi è parso di avere trovato il suddetto accostamento; nello studio delle singole pericopi ivi proposte, e tra gli autori citati non emerge l'importanza e la crescente convergenza che il vangelo di Marco riserva al tema in oggetto. La pedagogica rivelazione di Gesù sembra avvenire, con gradualità e costanza, in contesti di mensa, lì dove si sta insieme e si condivide il cibo nella convivialità di un momento di festa. Una scelta ecclesiale, che si andrà «istituzionalizzando» lentamente.

Il lavoro consta di tre parti, relativamente ai tre capitoli prodotti. Il primo capitolo pone la questione biblica dell'uomo e della sua ricerca di pienezza smarrita in origine a seguito della sua caduta originale. Ho analizzato il racconto della creazione nel tentativo di fare risaltare la perfezione relazionale che ha posto l'uomo nella condizione di corrispondere a Dio, con l'immagine in lui impressa. La disobbedienza, che ha infranto tale condizione, è stata la causa del movimento di salvezza di Dio nel tentativo continuo di ripristinare e superare la condizione originale per mezzo del «sacrificio d'offerta», presente nella scrittura veterotestamentaria. La breve analisi della legge, dei profeti e dei sapienziali, fa da apri pista alla riflessione del tema in oggetto: l'Eucaristia in Marco.

Il secondo capitolo, infatti, consiste nel commento delle pericopi del vangelo di Marco in cui, a mio avviso, l'evangelista sviluppa teologicamente l'accostamento Gesù-mensa. Seguendo il metodo analitico, con l'ausilio dei dati esegetici, ho sottolineato la continuità rivelativa di Gesù in contesti di mensa. Sarà evidente come l'evangelista, nella stesura ispirata del suo scritto, abbia voluto accostare lo svelarsi di Gesù, e la Sua comprensione da parte dei suoi uditori, in contesti che ruotano attorno alla mensa.

[1] Per «istituzione» intendo quanto riportato al paragrafo 3.6.

In continuità col dato rivelativo della Scrittura, il terzo capitolo vuole essere una riflessione sull'aspetto antropologico del cibarsi in circolarità con quanto ci offre la ricerca biblica e teologica. GS 22 afferma che Gesù Cristo è venuto a svelare l'uomo all'uomo. Gesù Cristo, nell'assumere la nostra umanità, ha assunto ogni aspetto dell'uomo. Proprio per questo, mi è sembrato opportuno mettere in risalto la caratteristica antropologica assunta da Gesù Cristo per rivelarsi all'uomo, ovvero nella consumazione e nella condivisione del pasto come occasione per parlare all'uomo di Sé, e viceversa. Il capitolo si conclude con una riflessione teologica scaturita da quanto trattato nei capitoli precedenti. Ho cercato, secondo un approccio sistematico, di proporre una ricomprensione dell'Eucaristia come dono che il Signore fa di Sé all'uomo nell'aver scelto un contesto, la mensa, in cui la condivisione è il presupposto per fare esperienza del Risorto che dona Se stesso. Il tentativo è quello di inserire la questione nell'ambito del trattato della sacramentaria, con la quale proverò a dimostrare l'indissolubile circolarità, in forma di festa, tra il donarsi eucaristico di Cristo e la dimensione conviviale dell'uomo; il parlare e il mangiare diventano il dirsi e il darsi di Dio e, viceversa, il dirsi e il darsi di Dio passano attraverso l'assunzione della gestualità umana del parlare e mangiare insieme.

Ogni discorso teologico – sacramentale sull'Eucaristia finora svolto, è stato pensato a partire dal dato rivelato dei racconti dell'istituzione o attorno al discorso giovanneo del pane disceso dal cielo (cf. Gv 6).

I racconti dell'istituzione, dei sinottici e della Prima lettera ai Corinzi, sono, di fatto, i capisaldi su cui ruota la teologia finora svolta sull'Eucaristia. Quanto accaduto nell'ultima cena è stato il punto di partenza per i discepoli per strutturare la perpetuazione del memoriale istituito da Gesù.

I racconti dell'istituzione motivano la trattazione teologica sull'Eucaristia. Il vangelo di Marco, ancor più degli altri racconti, sembra tracciare una pedagogia preparatoria attorno alla mensa, attorno alla celebrazione di un evento vissuto come festa. Nel considerare ciò, vorrei provare ad affermare che seguire tale linea può divenire ulteriore spunto di riflessione che conferma in modo più decisivo quanto finora svolto dalla ricerca.

1. La Mensa nell'Antico Testamento

Nella Sacra Scrittura[2] il mangiare, il banchettare, è una costante simbolica che mette in relazione Dio creatore con il vivere umano. Il soddisfacimento di un bisogno biologico è elevato a luogo teologico per dare voce al bisogno di riscatto della libertà umana, nonostante la sua radicale ambiguità, nella decisione di lasciarsi amare e di amare, a sua volta, con l'umanizzare gesti che liberano l'uomo dalla sua mortale solitudine. L'azione del mangiare, disgiunta dalla ricerca della libertà dell'*ethos*, rimane solo espressione del decadimento dell'uomo nella sua costante ricerca egoistica del piacere, che lo fa volgere all'istinto di cibarsi come sola sopravvivenza e attività consumatrice che tradisce la sua profonda vocazione di essere relazionale.

1.1 La creazione e la caduta

Nel progetto creazionale di YHWH, il cibo è dono che alimenta la fiducia dell'uomo in Dio, nella Sua Alleanza, sin dalla creazione:

> Dio disse: Ecco, io vi do ogni erba che produce seme e che è su tutta la terra e ogni albero in cui è il frutto, che produce seme: saranno il vostro cibo. [...] Dio nel settimo giorno terminò l'opera che aveva fatta e, nel settimo giorno, cessò da ogni opera che aveva fatta. Dio benedisse il settimo giorno e lo consacrò, poiché in esso aveva cessato da ogni opera che Egli aveva creata nel suo agire (Gn 1,29.2,2-3).

---

[2] Cf. G. Gerleman, *Mangiare*, in *Dizionario teologico dell'antico testamento*, a cura di E. Jenni – C. Westermann, Marietti, Torino 1978; A. Sacchi, *Cibo*, in *Nuovo dizionario di teologia biblica*, a cura di P. Rossano – G. Ravasi – A. Girlanda, Paoline, Cinisello Balsamo (Mi) 1988; M. F. Lacan, *Manna*, in *Dizionario di teologia biblica*, a cura di X. Dufour, Marietti, Torino 1968; B. Klappert, *Cena del Signore*, in *Dizionario dei concetti biblici del nuovo testamento*, a cura di L. Coenen – E. Beyreuther – H. Bietenhard, EDB, Bologna 1976; E. Galbiati, *L'eucaristia nella bibbia*, Jaca Book, Milano 1999; F. Giuntoli, *Genesi. Introduzione, traduzione e commento*, San Paolo, Cinisello Balsamo (Mi) 2013; S. Paganini, *Deuteronomio. Nuova versione, introduzione e commento*, Paoline, Milano 2011; G. Deiana, *Levitico. Nuova versione, introduzione e commento*, Paoline, Milano 2005; M. Priotto, *Esodo. Nuova versione, introduzione e commento*, Paoline, Milano 2014; M. Nobile, *1-2 Re. Nuova versione, introduzione e commento*, Paoline, Milano 2010; M. Scandroglio, *Michea. Nuova versione, introduzione e commento*, Paoline, Milano 2017; B. S. Childs, *Isaia*, Queriniana, Brescia 2005; W. Brueggemann, *Geremia*, Claudiana, Torino 2015; J. Blenkinsopp, *Ezechiele*, Claudiana, Torino 2006;
J. V. Líndez, *Sapienza*, Borla, Roma 1990; M. Cimosa, *Proverbi. Nuova versione, introduzione e commento*, Paoline, Milano 2007; G. Barbiero, *Cantico dei cantici. Nuova versione, introduzione e commento*, Paoline, Milano 2004; I. Cardellini, *I sacrifici dell'antica alleanza. Tipologie, Rituali, Celebrazioni*, San Paolo Cinisello Balsamo (Mi) 2001.

L'uomo, creato ad immagine di Dio, si riconosce come l'unica creatura che può governare la natura. È stato interpellato (chiamato all'esistenza) da Dio per collaborare con Lui nella gestione del mondo, di ogni cosa creata, ed è stato distolto dal pericolo di idolatria nei riguardi di qualsiasi elemento naturale nell'incarico ricevuto di nominare ogni cosa creata secondo la sua volontà, in comunione con quella del Dio creatore. È Dio che, a differenza della mitologia mesopotamica, nutre le sue creature. Il mondo che Egli ha creato, testimoniataci dalla Genesi, è differente dalla visione mitologica medio orientale, la cui concezione antropologica si proiettava verso una visione del mondo creato per gli dei e il ruolo dell'uomo era quello di assumere su di sé il peso del lavoro, compresa la fatica di provvedere il cibo agli dei.

Il Dio della Genesi è presentato con la qualità di Colui che si affianca all'uomo finanche nel riposo del settimo ed ultimo giorno della creazione. L'espressione «Dio nel settimo giorno terminò (*kālāh*) l'opera (*m^e lā'kâ*) che aveva fatta» (Gn 2,2) sembra riprendere la fine della costruzione della dimora mobile all'interno della quale era stanziata la presenza di Dio, che accompagnava instancabilmente il popolo d'Israele durante la sua peregrinazione nel deserto, verso la terra promessa, e che vide impegnato Mosè il quale «terminò (*kālāh*) l'opera (*m^e lā'kâ*)» (Es 40, 33). L'opera della creazione è dunque completata nel momento in cui Dio, il creatore, ha una dimora all'interno della sua creazione, in una tenda mobile dentro la quale può migrare insieme al suo popolo, nell'unica stabilità dello stare in comunione con Lui. Il sabato (lo *šabbāt*) diviene per l'uomo occasione per imitare e stare alla presenza del Dio suo creatore, nella sacralità del riposo.[3]

Il secondo racconto della creazione,[4] a differenza del primo, è seguita dalla narrazione della trasgressione, nella quale emerge la perdita della condizione di armonia che era venuta ad istaurarsi tra Dio e l'uomo. Una nuova e imperfetta realtà del mondo, disarmonizzato negli elementi che lo compongono, segnato dalla presenza del male e dalla precarietà alla stessa maniera del popolo di Israele che nel deserto ha fatto esperienza della distanza/sfiducia da Dio:

---

[3] Cf. F. Giuntoli, *Genesi. Introduzione, traduzione e commento*, 85-87.

[4] La cui redazione, definita jawista, sappiamo essere precedente, o comunque coeva, al primo racconto conosciuto come redazione sacerdotale. La redazione del primo racconto segue un'ideologia la cui scrittura rispecchia il punto di vista degli ebrei rientrati nella terra dei padri, terminato il periodo dell'esilio in Babilonia. Mentre la redazione del secondo racconto è da associare a un autore, forse contemporaneo al primo, il quale ha voluto riflettere nella scrittura il punto di vista di coloro che non vissero l'esperienza dell'esilio e che, riorganizzatisi nella Gerusalemme distrutta dalle forze militari babilonesi, probabilmente mischiandosi anche con le popolazioni vicine del regno di Giuda, vissero a lungo tra le sue rovine. Si trattava del «popolo del paese» (gli *'am-hā'āares*) gente ininfluente del paese, socialmente semplici. Tra i due fronti si era creato uno squarcio, così come raccontato dai libri di Esdra e di Neemia, poiché ciascun gruppo si sentiva giustificato nell'accreditarsi diritti a scapito dell'altro. I due racconti andrebbero capiti e interpretati alla luce anche di questi presupposti storici conflittuali (cf. F. Giuntoli, cit., 18-19).

Il Signore Dio prese l'uomo e lo pose nel giardino di Eden, perché lo coltivasse e lo custodisse. Il Signore Dio diede questo comando all'uomo: «Tu potrai mangiare di tutti gli alberi del giardino, ma dell'albero della conoscenza del bene e del male non devi mangiare, perché, quando tu ne mangiassi, certamente moriresti». Poi il Signore Dio disse: «Non è bene che l'uomo sia solo: gli voglio fare un aiuto che gli sia simile». [...] ma l'uomo non trovò un aiuto che gli fosse simile. Allora il Signore Dio fece scendere un torpore sull'uomo, che si addormentò; gli tolse una delle costole e rinchiuse la carne al suo posto. Il Signore Dio plasmò con la costola, che aveva tolta all'uomo, una donna e la condusse all'uomo. Allora l'uomo disse: è carne dalla mia carne e osso dalle mie ossa. La si chiamerà donna perché dall'uomo è stata tolta». [...] Il serpente era la più astuta di tutte le bestie selvatiche fatte dal Signore Dio. Egli disse alla donna: «E' vero che Dio ha detto: Non dovete mangiare di nessun albero del giardino?». Rispose la donna al serpente: «Dei frutti degli alberi del giardino noi possiamo mangiare, ma del frutto dell'albero che sta in mezzo al giardino Dio ha detto: Non ne dovete mangiare e non lo dovete toccare, altrimenti morirete». Ma il serpente disse alla donna: «Non morirete affatto! Anzi, Dio sa che quando voi ne mangiaste, si aprirebbero i vostri occhi e diventereste come Dio, conoscendo il bene e il male». Allora la donna vide che l'albero era buono da mangiare, gradito agli occhi e desiderabile per acquistare saggezza; prese del suo frutto e ne mangiò, poi ne diede anche al marito, che era con lei, e anch'egli ne mangiò. Allora si aprirono gli occhi di tutti e due e si accorsero di essere nudi; intrecciarono foglie di fico e se ne fecero cinture. (Gn 2,15-23.3,1-7)

Il secondo racconto si concentra su quanto vive e si muove sulla terra affidato alla cura e alla custodia dell'uomo, creato separato dalla campagna, dalla terra arida e deserta. Successivamente alla creazione e all'insufflazione del soffio di vita dell'uomo, dell'*ădām*, la cui assonanza rimanda al suolo (*ădāmâ*) e alla sua appartenenza di estrazione e ritorno ad essa, con la morte (cf. Gn 3,19), l'azione di Dio si volge verso l'istaurazione di un giardino nella terra arida. L'immagine del giardino piantato in Eden dà enfasi all'agire di Dio, il cui intervento diviene separazione e passaggio da ciò che è arido e desertico (inanimato) alla vita della deliziosa animazione di quanto creato. Protagonisti principali del giardino sono i due alberi piantati nel suo centro: l'«albero della vita», la cui manducazione del frutto avrebbe concesso all'uomo l'acquisizione dell'immortalità, prerogativa esclusiva di Dio (cf. Gn 3,22); e l'albero della conoscenza del bene e del male, la cui caratteristica propria rimanda all'esclusiva sapienza di Dio a cui l'uomo non può aspirare, con la manducazione del suo frutto, dal momento che la piena conoscenza della realtà tutta va al di là della sua possibile comprensione. La conoscenza dell'uomo deve arrestarsi al solo timore di Dio, suo unico principio di conoscenza, da espletare nell'esercizio della sovranità sugli animali della terra col dargli il nome, così da farli dipendere dalla propria sovranità. Non è tuttavia l'atto di nominare gli esseri animali a dare pienezza all'uomo, a strapparlo dalla solitudine del suo essere altro rispetto a ciò che lo circonda, in virtù del soffio di vita ricevuto che evoca all'esistenza una pretesa divina che lo fa sentire unico ed inappagato, e che lo fa volgere verso la ricerca di ciò che gli corrisponda. Così, Dio è intervenuto sull'uomo con un «torpore pesante» e con l'estrazione di una sua costola perché accadesse quanto reclamato dalla mancanza della sua creatura. Così Dio ha plasmato, da quanto estratto, la corrispondente reciprocità dell'uomo, la donna, riconosciuta come «ossa» e «carne» di sua uguale dignità. Da quel momento, l'interesse e il coinvolgimento dell'uomo si sono indirizzati verso il proprio alleato, stringendosi alla donna come celebrazione dell'Alleanza con Dio. L'assenza della reciproca vergogna (cf. Gn 2,25) sottolinea la perfetta armonia della prima coppia, fino al momento della trasgressione.[5]

La sapienza di Dio, che ha dato vita ed ha introdotto l'uomo nel mondo della gratuità dell'amore e della libertà, è stata intralciata dall'azione disturbatrice del serpente. Le parole dell'astuto (*ārûm*) hanno condotto l'uomo verso la scoperta del significato della nudità e della vergogna, nella nuova situazione radicalmente opposta a quella creazionale dell'Alleanza con Dio. Un ribaltamento della precedente armonia, trasformata in un rapporto di inimicizia, con la conseguente rottura della comunione che ha fatto piombare l'uomo nella paura della diversità. Il serpente, la cui figura rimanda alla mitologia,[6] non rappresenta certo una creatura animale, quanto piuttosto una condizione temporale che minaccia il costante dialogo tra l'uomo e Dio. Esso rappresenta il pericolo pressante dell'incomprensione della Parola creatrice di Dio e la conseguente interruzione del dialogo con il Creatore, senza alcun utilizzo della forza. Il parlare del serpente diviene una anti-parola capace di distorcere e di alterare irrimediabilmente la Parola divina.

Un'astuzia che si è resa evidente nelle sue prime parole, nell'intenzione di usare le stesse Parole di Dio e di travisarne il significato. Il precedente comando dato all'uomo, di mangiare di tutti gli alberi ad esclusione dell'albero della conoscenza del bene e del male, nella rivisitazione del serpente, viene mostrato come un divieto per tutti gli alberi: «E così Dio ha detto: non mangiate da nessun albero!» (Gn 3,1). La risposta della donna, la quale riferisce la Parola pronunciata da Dio all'uomo, nel provare a correggere la provocazione del serpente,

[5] Cf. F. Giuntoli, *Genesi. Introduzione, traduzione e commento*, 89-99.

[6] Il Leviatàn, il grande serpente marino menzionato nella mitologia ugaritica, non è affatto ignoto alle scritture di Israele (cf. Gb 3,8; 40,25; Sal 74,14; 104,26; Is 27,1). Alcuni testi (ad esempio Is 27,1 e Gb 26,13) descrivono il «serpente guizzante» come la creatura sconfitta da Dio, sottraendogli il fascino di idolatria (cf. F. Giuntoli, cit., 100).

senza saperlo, è già influenzata dall'agire astuto dell'essere strisciante. Ciò che lei aveva inteso come divieto di non mangiare, Dio aveva comandato di non toccare. L'effetto della trasgressione, successiva all'aver preso e mangiato del frutto proibito, è stato l'apertura degli occhi e la presa di coscienza di un'amara delusione e un profondo turbamento: quello di essere nudi e di provare vergogna nell'ormai separazione dall'intimità con Dio e tra loro.[7]

Se il comando di Dio, quello di prendere e di mangiare quanto da Lui messo a disposizione dell'uomo, voleva significare partecipazione alla Sua vita divina, con la disobbedienza, il prendere e il mangiare dell'uomo nella volontà disgiunta da quella di Dio, ha dato vita ad un nuovo scenario dell'insanabile frattura delle relazioni con il Creatore. Se l'azione del mangiare, secondo l'agire di YHWH, era opportunità per far gustare all'uomo la bontà della promessa creazionale di Dio, nella separazione, la stessa azione del mangiare, è divenuto luogo di condanna a cui è seguita inesorabilmente il bisogno di usare la creazione come mezzo di nascondimento e di separazione dal suo Creatore. Una collocazione spaziale che ha lasciato consapevolizzare all'uomo e alla donna di aver perso il loro «dove» (cf. Gn 3,9), del loro essere creature poste di fronte a Dio, smarrendosi nell'impossibilità di «essere come Dio».

Nella più totale disarmonia di un equilibrio originario sovvertito, in un «dove» in cui non regnava più la comunione ma l'alienazione, Dio ha provveduto ad allontanare l'uomo e la donna dall'Eden, dalla possibilità di nutrirsi di quell'albero della vita perché fosse loro proibito accedere all'immortalità (immutabilità) nella loro nuova situazione di mortalità. Per la prima volta, Adamo e la sua compagna, entrarono, fuori dall'Eden, nella realtà del loro «dove» di mortali,[8] per prendere coscienza delle conseguenze della morte, quale nemico ultimo da sconfiggere nel prosieguo scritturale della storia della Salvezza.

1.2 La legge

> [Dio] lo cercherete nella sua dimora, nel luogo che il Signore vostro Dio avrà scelto fra tutte le vostre tribù, per stabilirvi il suo nome; là andrete. Là presenterete i vostri olocausti e i vostri sacrifici, le vostre decime, quello che le vostre mani avranno prelevato, le vostre offerte votive e le vostre offerte volontarie e i primogeniti del vostro bestiame grosso e minuto; mangerete davanti al Signore vostro Dio e gioirete voi e le vostre famiglie di tutto ciò a cui avrete posto mano e in cui il Signore vostro Dio vi avrà benedetti. [...] tali cose mangerai davanti al Signore

[7] Cf. *ib.*, 100-103.
[8] Cf. *ib.*, 106-108.

> tuo Dio nel luogo che il Signore tuo Dio avrà scelto: tu, il tuo figlio, la tua figlia, il tuo schiavo, la tua schiava e il levita che sarà entro le tue città; gioirai davanti al Signore tuo Dio di ogni cosa a cui avrai messo mano. (Dt 12,5-7.18)

Il Signore, oltre ad aver scelto un popolo (Israele), ha anche scelto un luogo dove Egli possa essere servito dalle tribù del suo popolo. Ciò che è importante per l'uomo è servire Dio, il luogo (*màqom*) è secondario.

Servire Dio significa cercarlo, stare alla Sua presenza contenuta nel Suo stesso nome: YHWH è, per il Deuteronomio, la divinità che guida il suo popolo e che prende parte alla sua storia; un Dio che non abbandona mai ciò che ha scelto e che instaura, nella storia, un rapporto personale con Israele suo prediletto. La centralità di un luogo di culto, scelto da Dio, manifesta l'attività divina che incoraggia il popolo a spostarsi verso un luogo/santuario dove incontrarlo. Lungo il cammino, il popolo doveva prepararsi ad offrire sacrifici a Dio per far fronte alla logica del dono della terra ricevuta. Il servizio del popolo culmina con il banchettare gioiosamente davanti al volto di Dio. L'aver consumato il sacrificio nel luogo scelto da Dio garantisce la Sua presenza in mezzo al popolo. Il banchetto viene così ad assumere la particolarità di evento collettivo in cui il popolo, senza differenza di classe, gioisce della benedizione di Dio. La festa è elemento costituente del sacrificio offerto come servizio a YHWH, ed è in se stessa espressione della partecipazione dell'Alleanza di Dio:[9]

> Nel caso che la sua offerta sia un sacrificio di comunione e se offre un capo di bestiame grosso, sarà un maschio o una femmina, senza difetto; l'offrirà davanti al Signore, poserà la mano sulla testa della vittima e la immolerà all'ingresso della tenda del convegno e i figli di Aronne, i sacerdoti, spargeranno il sangue attorno all'altare. Di questo sacrificio di comunione offrirà come sacrificio consumato dal fuoco in onore del Signore il grasso che avvolge le viscere e tutto quello che vi è sopra, i due reni con il loro grasso e il grasso attorno ai lombi e al lobo del fegato, che distaccherà al di sopra dei reni; i figli di Aronne lo bruceranno sull'altare, sopra l'olocausto, posto sulla legna che è sul fuoco: è un sacrificio consumato dal fuoco, profumo soave per il Signore. (Lv 3,1-5)

[9] Cf. S. Paganini, *Deuteronomio. Nuova versione, introduzione e commento*, 248-253.

Un testo che prova a connettere il sacrificio con la pace che scaturisce da esso stesso. Si tratta di un sacrifico di comunione, le cui parti sacrificate costituivano un'offerta di soave profumo per allietare il Signore,[10] che le riceveva sull'altare, gradendole.

Il profumo che saliva al cielo dava forma alla relazione con gli offerenti, i quali mangiavano il resto del sacrificio con sentimenti di gratitudine e di amicizia per Dio. I partecipanti al banchetto, presso il luogo sacro, col mangiare la carne dell'offerta, si consideravano convitati di Dio, assisi simbolicamente alla stessa mensa. Un lontano preludio di ciò che avviene nella celebrazione eucaristica la quale, conformemente a quanto da Gesù stabilito nell'ultima cena, è anch'essa un convito «sacrificale».[11]

> Il Signore disse a Mosè e ad Aronne nel paese d'Egitto: "Questo mese sarà per voi l'inizio dei mesi, sarà per voi il primo mese dell'anno. Parlate a tutta la comunità di Israele e dite: Il dieci di questo mese ciascuno si procuri un agnello per famiglia, un agnello per casa. Se la famiglia fosse troppo piccola per consumare un agnello, si assocerà al suo vicino, al più prossimo della casa, secondo il numero delle persone; calcolerete come dovrà essere l'agnello, secondo quanto ciascuno può mangiarne. Il vostro agnello sia senza difetto, maschio, nato nell'anno; potrete sceglierlo tra le pecore o tra le capre e lo serberete fino al quattordici di questo mese: allora tutta l'assemblea della comunità d'Israele lo immolerà al tramonto. Preso un pò del suo sangue, lo porranno sui due stipiti e sull'architrave delle case, in cui lo dovranno mangiare. In quella notte ne mangeranno la carne arrostita al fuoco; la mangeranno con azzimi e con erbe amare. Non lo mangerete crudo, né bollito nell'acqua, ma solo arrostito al fuoco con la testa, le gambe e le viscere. Non ne dovete far avanzare fino al mattino: quello che al mattino sarà avanzato lo brucerete nel fuoco. Ecco in qual modo lo mangerete: con i fianchi cinti, i sandali ai piedi, il bastone in mano; lo mangerete in fretta. E' la pasqua del Signore! In quella notte io passerò per il paese d'Egitto e colpirò ogni primogenito nel paese d'Egitto, uomo o bestia; così farò giustizia di tutti gli dei dell'Egitto. Io sono il Signore! Il sangue sulle vostre case sarà il segno che voi siete dentro: io vedrò il sangue e passerò oltre, non vi sarà per voi flagello di sterminio, quando io colpirò il paese d'Egitto. Questo giorno sarà per voi un memoriale; lo celebrerete come festa del Signore: di generazione in generazione, lo celebrerete come un rito perenne. (Es 12,1-14)

[10] Cf. G. Deiana, *Levitico. Nuova versione, introduzione e commento*, 61-62.
[11] Cf. E. Galbiati, *L'eucaristia nella bibbia*, 20-21.

La narrazione della decima piaga, con la morte dei primogeniti egiziani, segna la vittoria definitiva di YHWH sull'egemonica pretesa egiziana sul nascente popolo d'Israele, costituito come tale da Dio per essere al Suo servizio, nella ricercata libertà.[12]

L'esodo non è stato solamente un evento storico che ha segnato l'inizio d'Israele come popolo indipendente. Esso è stato un evento religioso che non ha riguardato solo il popolo d'Israele e la sua vicenda verso la propria indipendenza politica, quanto piuttosto evento che ha coinvolto l'umanità intera nella storia della salvezza con l'irrompere di Dio nelle vicende umane, realizzando le promesse fatte ad Abramo, in forza della sua libera elezione. Salvezza caratterizzata non solo dalla notte carica di mistero, ma anche dagli eventi successivi del passaggio dal Mar Rosso e dalle terre desertiche, dove il popolo ha potuto fare esperienza della provvidenza di Dio divenuta Alleanza sul monte Sinai, segnata dalla legge che stabilì un nuovo rapporto tra Dio e il suo popolo.[13]

L'inizio della liberazione, nella notte di pasqua, ha avuto come soggetto interessato la famiglia rinchiusa nelle proprie case, dentro la quale doveva essere consumato il pasto sacrificale/liberatorio. Un carattere liturgico denominato *edà* (comunità), che ha connotato il passaggio dalla schiavitù del faraone al servizio di Dio. In questo passaggio Israele si è autocompreso come comunità di fede nel nuovo spazio liturgico della famiglia, vera comunità cultuale che abita lo spazio della casa, riunita attorno ad un'unica mensa per consumare l'unico sacrificio. Alla precisa quantità di carne da consumare, proporzionale al numero dei componenti familiari, corrispondeva la precisa volontà di Dio di salvaguardare la dimensione familiare come spazio liturgico composto da due momenti: il primo, l'abluzione del sangue della vittima sacrificale sulla soglia della casa che doveva delimitare lo spazio interno della celebrazione, come simbolo dell'appartenenza a Dio, dallo spazio esterno del resto del mondo degli altri uomini, estranei a Dio; il secondo, riguardante le disposizione pratiche per la cottura e la manducazione della carne sacrificale. Una ritualità che doveva essere officiata all'interno della comunità familiare, segnata e salvaguardata dal sangue sacrificale che ne stabiliva i confini, e la consumazione della carne la cui particolare cottura garantiva l'integrità di ciò che doveva essere mangiata come Pasqua per significare l'azione di YHWH che era intervenuto, senza alcuna mediazione, per determinare la vita degli israeliti e la morte degli egiziani.[14]

Tale evento si è impresso nella memoria della tradizione di Israele come professione della sua fede nell'intervento salvifico di Dio (cf. Dt 26, 5-10; Es 12, 25-27), nella memoria celebrata

---

[12] Cf. M. Priotto, *Esodo. Nuova versione, introduzione e commento*, 213.
[13] Cf. E. Galbiati, *L'eucaristia nella bibbia*, 24.
[14] Cf. M. Priotto, *Esodo. Nuova versione, introduzione e commento*, 216-220.

annualmente in un sacrificio conviviale, divenuto appuntamento permanente capace di ripresentare in tutta la sua forza il ricordo della liberazione.

Basti pensare ai termini *zikkaron* (memoria, memoriale) e *azkarà* (rievocazione) associati a qualcosa di ben preciso come un oggetto sacro o un rito. Erano memoriale i nomi dei figli d'Israele incisi sulle pietre preziose poste sulle spalle e sul petto del sommo sacerdote (cf. Es 28, 12-29); il suono delle trombe che annunciavano i sacrifici (cf. Nm 10, 10); l'offerta del pio israelita per il tempio (cf. Es 30, 16); l'incenso che veniva bruciato di sabato sui dodici pani posti sulla mensa d'oro nel Santuario come rievocazione dell'alleanza di Dio con il popolo d'Israele (cf. Lv 24, 7). Il memoriale assume la forma del ricordo di Dio perché Egli non dimenticasse ciò che aveva compiuto a favore del suo popolo e perché non smettesse di intervenire a suo favore (cf. Dt 16, 3; Sal 111, 4-5).

Talmente importante era considerato il pasto del sacrificio da essere normato con supplementi legislativi sulla maniera di trattare la carne immolata dell'agnello:

> Notte di veglia fu questa per il Signore per farli uscire dal paese d'Egitto. Questa sarà una notte di veglia in onore del Signore per tutti gli Israeliti, di generazione in generazione. Il Signore disse a Mosè e ad Aronne: Questo è il rito della pasqua: nessun straniero ne deve mangiare. Quanto a ogni schiavo acquistato con denaro, lo circonciderai e allora ne potrà mangiare. L'avventizio e il mercenario non ne mangeranno. In una sola casa si mangerà: non ne porterai la carne fuori di casa; non ne spezzerete alcun osso. Tutta la comunità d'Israele la celebrerà. Se un forestiero è domiciliato presso di te e vuol celebrare la pasqua del Signore, sia circonciso ogni suo maschio: allora si accosterà per celebrarla e sarà come un nativo del paese. Ma nessun non circonciso ne deve mangiare. Vi sarà una sola legge per il nativo e per il forestiero, che è domiciliato in mezzo a voi. (Es 12, 42-49)

Una riflessione qualifica teologicamente la notte pasquale come notte di veglia, che ha permesso a Dio di far uscire il popolo oppresso dal paese della schiavitù. Una veglia per tutte le generazioni a seguire perché i posteri non perdessero nella loro memoria l'intensa e premurosa partecipazione di YHWH, il cui intervento è stato forte e decisivo. Così, il cammino di salvezza del popolo d'Israele era sorretto dalla memoria delle diverse pasque: dalla notte della creazione alla notte della promessa del figlio Isacco fatta ad Abramo, culminata nella prova del sacrificio; dalla notte pasquale dell'esodo alla notte pasquale della futura venuta del Messia. Per la tradizione sacerdotale, la memoria assume un'importanza di carattere teologico che riporta all'attenzione dell'israelita lo spirito originario della Pasqua. Uno spirito che deve essere segnato dalla certezza di appartenere a Dio, la cui circoncisione è segno della distinzione tra ciò che gli appartiene e ciò che gli è estraneo. La circoncisione infatti è il segno dell'alleanza con YHWH e dunque ciò che caratterizza l'identità israelitica, condizione senza la quale un qualunque uomo (non per forza israelita di nazionalità) non poteva prendere parte all'unità dello spazio sacro della casa, segnata dall'abluzione del sangue che circoscriveva l'unità liturgica di chi celebrava il sacrificio.[15] Solamente a queste condizioni era possibile mangiare la vittima, senza che le veniva spezzato alcun osso perché l'integrità della vittima determinava la stabilità organica globale dell'Alleanza con Dio, cioè il rimanere della vita in mezzo al popolo celebrante.[16]

> Mosè disse al popolo: "Ricordati di questo giorno, nel quale siete usciti dall'Egitto, dalla condizione servile, perché con mano potente il Signore vi ha fatti uscire di là: non si mangi ciò che è lievitato. Oggi voi uscite nel mese di Abib. Quando il Signore ti avrà fatto entrare nel paese del Cananeo, dell'Hittita, dell'Amorreo, dell'Eveo e del Gebuseo, che ha giurato ai tuoi padri di dare a te, terra dove scorre latte e miele, allora tu compirai questo rito in questo mese. Per sette giorni mangerai azzimi. Nel settimo vi sarà una festa in onore del Signore. Nei sette giorni si mangeranno azzimi e non ci sarà presso di te ciò che è lievitato; non ci sarà presso di te il lievito, entro tutti i tuoi confini. In quel giorno tu istruirai tuo figlio: E' a causa di quanto ha fatto il Signore per me, quando sono uscito dall'Egitto. Sarà per te segno sulla tua mano e ricordo fra i tuoi occhi, perché la legge del Signore sia sulla tua bocca. Con mano potente infatti il Signore ti ha fatto uscire dall'Egitto. Osserverai questo rito alla sua ricorrenza ogni anno. (Es 13,3-10)

È la memoria di un rito agricolo che rievocava negli israeliti la rottura tra il nuovo e il vecchio. Una festa, quella degli azzimi, che nel tempo venne a coincidere con la festa della Pasqua, divenendo entrambe storia della salvezza: nella fretta di uscire dall'Egitto, gli israeliti non ebbero nemmeno il tempo di lasciar lievitare la pasta del pane.[17] Il giorno dell'uscita dall'Egitto e i giorni della celebrazione degli Azzimi erano ricordati nell'unico giorno della permanenza efficace dell'esodo nei giorni del tempo. Israele era interpellato dalla signoria di Dio nel far diventare il suo agire, quale azione liberatrice, una celebrazione da tramandare nella memoria dei posteri mediante il segno visibile di mangiare il pane azzimo. La manducazine degli azzimi non poteva essere scisso dall'imperativo: «ricorda». Un verbo (*zākôr*) dal forte

---

[15] Cf. M. Priotto, *Esodo. Nuova versione, introduzione e commento*, 234-236.
[16] Cf. *ib.* 236-237; E. Galbiati, *L'eucaristia nella bibbia*, 29-31.
[17] Cf. E. Galbiati, *L'eucaristia nella bibbia*, 32.

significato che, oltre al ricordo storico, rendeva presente il credente allo stesso evento salvifico, nonostante la lontananza nel tempo e nello spazio, nel vivere con responsabilità la liturgia dell'offerta salvifica nella quale si celebrava il duplice ricordo di Dio per l'uomo e viceversa. Una memoria liturgica che permetteva ad ogni israelita, stanziato nella terra di Canaan, di uscire dalla terra d'Egitto, dalla schiavitù, nella trasformazione dell'evento storico nell'oggi salvifico della celebrazione.[18]

I benefici del passato rivivevano nelle circostanze del presente. Chiunque celebrava gli azzimi doveva farlo con l'intento di ricordare come l'agire di Dio era divenuto salvezza per tutto Israele, dall'uscita dell'Egitto in poi, per ogni tempo, perché ogni israelita sentisse di essere stato testimone della miracolosa liberazione.

> Nel deserto tutta la comunità degli Israeliti mormorò contro Mosè e contro Aronne. Gli Israeliti dissero loro: "Fossimo morti per mano del Signore nel paese d'Egitto, quando eravamo seduti presso la pentola della carne, mangiando pane a sazietà! Invece ci avete fatti uscire in questo deserto per far morire di fame tutta questa moltitudine". Allora il Signore disse a Mosè: "Ecco, io sto per far piovere pane dal cielo per voi: il popolo uscirà a raccoglierne ogni giorno la razione di un giorno, perché io lo metta alla prova, per vedere se cammina secondo la mia legge o no. Ma il sesto giorno, quando prepareranno quello che dovranno portare a casa sarà il doppio di ciò che raccoglieranno ogni altro giorno". [...] Mosè disse ad Aronne: "Dà questo comando a tutta la comunità degli Israeliti: Avvicinatevi alla presenza del Signore, perché egli ha inteso le vostre mormorazioni!". Ora mentre Aronne parlava a tutta la comunità degli Israeliti, essi si voltarono verso il deserto: ed ecco la Gloria del Signore apparve nella nube. Il Signore disse a Mosè: "Ho inteso la mormorazione degli Israeliti. Parla loro così: Al tramonto mangerete carne e alla mattina vi sazierete di pane; saprete che io sono il Signore vostro Dio". Ora alla sera le quaglie salirono e coprirono l'accampamento; al mattino vi era uno strato di rugiada intorno all'accampamento. Poi lo strato di rugiada svanì ed ecco sulla superficie del deserto vi era una cosa minuta e granulosa, minuta come è la brina sulla terra. Gli Israeliti la videro e si dissero l'un l'altro: "*Man hu*: che cos'è?", perché non sapevano che cosa fosse. Mosè disse loro: "E' il pane che il Signore vi ha dato in cibo. Ecco che cosa comanda il Signore: Raccoglietene quanto ciascuno può mangiarne, un *omer* a testa, secondo il numero delle persone con voi. Ne prenderete ciascuno per quelli della propria tenda". [...] La casa d'Israele la chiamò manna. Era simile al seme del coriandolo e bianca; aveva il sapore di una focaccia con miele. [...] Gli Israeliti mangiarono la manna per quarant'anni, fino al loro arrivo in una

[18] Cf. M. Priotto, *Esodo. Nuova versione, introduzione e commento*, 239-242.

terra abitata, mangiarono cioè la manna finché furono arrivati ai confini del paese di Canaan. (Es 16,2-5. 9-16. 31. 35)

Gli israeliti che si spostavano da un luogo ad un altro con il loro bestiame, non senza disagi, dovettero inevitabilmente imbattersi in momenti di crisi morale a causa delle difficoltà insormontabili che si presentavano man mano che la peregrinazione procedeva verso la terra promessa. Proprio in questi momenti di totale sfiducia, l'assistenza divina non venne meno, presentandosi loro sotto forma di cibo che segnò l'opera di salvezza compiuta da Dio per il Suo popolo.

YHWH e il Suo supremo agire durante l'esodo, fu oggetto di protesta da parte del popolo in cammino il quale, dinanzi alle ristrettezze del deserto, sentì una idealizzata nostalgia della terra d'Egitto, rinnegando la liberazione a vantaggio di una rottura radicale della relazione con il «Liberatore». Ma l'essere del Dio di Israele (il Suo: «Io sono») si lasciò riconoscere per ciò che Egli è nella sua singolare caratteristica di Colui che sempre nutre il Suo popolo. Rivolgendosi a Mosè, Dio annunziò il dono del «pane del cielo», sconosciuto all'uomo, proveniente direttamente dalla realtà divina come provvido ed efficace segno della sollecita presenza di YHWH e del Suo gratuito amore che superò l'ostilità della protesta del popolo. L'ordine imposto da Dio agli israeliti fu quello di procurarsi una razione giornaliera di pane, ad eccezione del giorno di sabato per il quale era prevista una doppia razione. La razione giornaliera doveva contrastare l'accumulo egoistico e calcolatore dell'atteggiamento dell'uomo, incapace di sperare oltre la sua volontaria privazione a vantaggio della fede in YHWH; la doppia razione del giorno di sabato serviva a garantire il riposo in Dio, nel Suo giorno. Una prova di fedeltà per Israele in cambio della Sua elargita volontà di non stare lontano da ciò che Egli aveva scelto per Sé. L'espressione «avvicinatevi alla presenza di YHWH», tipicamente liturgica, indica possibilità di accesso alla presenza di Dio, a Colui che era già presente come liberatore perché aveva ascoltato la protesta della comunità liturgica (*ēdā*) riunita dalla convocazione del Dio-presente. Una liturgia, motivata dalla sconfessione di Israele, che manifestava la gloria di Dio nella Sua epifanica presenza che risana la mortale ferita della sfiducia del popolo. Il voltarsi degli israeliti «verso il deserto» esprimeva il loro ripensamento nei confronti di Dio; espressione che evocava lo spettro della morte nel luogo del deserto, che da quel momento assunse il significato dell'incontro con Dio nell'esperienza di essere stati da Lui nutriti con il «pane» e la «carne», segni della Sua permanete presenza. È l'invito che YHWH ha rivolto a Israele perché lo riconoscesse come suo Dio nell'evento storico-salvifico dell'esodo. L'iniziativa di Dio è sempre di carattere soprannaturale che sottolinea il Suo preciso e diretto agire, senza alcuna mediazione, che stupisce i beneficiari. Gli israeliti, dinanzi all'elemento sconosciuto della manna, domandarono: «Che cos'è quello?» (*mān hû'*). Un interrogativo che ha dato voce alla forza della provvida iniziativa divina, del cibo che non era prodotto dalla terra, come i frutti genesiaci (cf. Gn 1,29), ma che direttamente era offerto dal cielo e misteriosamente compariva con lo sciogliersi della rugiada mattutina, nell'infuocata terra desertica, nelle quantità bastevoli per ciascun israelita. Un cibo che doveva essere solo manducato, senza alcuna sua conservazione, perché segno dell'abbandono totale di Israele nella fiduciosa provvidenza divina che dona all'uomo il pane necessario per ogni giorno, per ogni membro dell'unica comunità liturgica costruita attorno alla condivisione del cibo che rompe ogni forma di disuguaglianza che l'egoismo altrui è capace di creare.[19]

> Mosè andò a riferire al popolo tutte le parole del Signore e tutte le norme. Tutto il popolo rispose insieme e disse: "Tutti i comandi che ha dati il Signore, noi li eseguiremo!". Mosè scrisse tutte le parole del Signore, poi si alzò di buon mattino e costruì un altare ai piedi del monte, con dodici stele per le dodici tribù d'Israele. Incaricò alcuni giovani tra gli Israeliti di offrire olocausti e di sacrificare giovenchi come sacrifici di comunione, per il Signore. Mosè prese la metà del sangue e la mise in tanti catini e ne versò l'altra metà sull'altare. Quindi prese il libro dell'alleanza e lo lesse alla presenza del popolo. Dissero "Quanto il Signore ha ordinato, noi lo faremo e lo eseguiremo!". Allora Mosè prese il sangue e ne asperse il popolo, dicendo: "Ecco il sangue dell'alleanza, che il Signore ha concluso con voi sulla base di tutte queste parole!". Poi Mosè salì con Aronne, Nadab, Abiu e i settanta anziani di Israele. Essi videro il Dio d'Israele: sotto i suoi piedi vi era come un pavimento in lastre di zaffiro, simile in purezza al cielo stesso. Contro i privilegiati degli Israeliti non stese la mano: essi videro Dio e tuttavia mangiarono e bevvero. (Es 24,3-11)

Perché Dio abbia potuto stabilire l'Alleanza con il suo popolo è stato necessario fissare delle norme che regolamentassero i rapporti con Lui. Un'Alleanza conclusasi con la visione di Dio e l'ammissione al pasto di quanti «salirono» (cf. Es 24,9) con Mosè sul monte.

C'è continuità tra «tutte le parole di YHWH e tutte le norme» che Mosè udì da Dio e che rivelò al popolo, e la risposta dello stesso a ciò che udì con l'offerta dell'olocausto.

La Parola di Dio è realtà assoluta che non si lascia manomettere, che necessita piena adesione da parte della comunità che la riceve, senza alcuna eccezione che ne condizioni il Suo

---

[19] Cf. *ib.* 303-313.

significato. La risposta di chi comunitariamente vi aderiva, doveva essere pronunciata unitariamente da una sola voce che proclamava il tutto delle parole udite. L'altare eretto da Mosè, delle dodici stele rappresentanti le dodici tribù d'Israele, era il luogo dove YHWH incontrava il suo popolo nell'offerta del primo olocausto, successivamente all'uscita dall'Egitto, di giovenchi pregiati secondo le istruzioni di Lv 1,3-17. Un sacrificio manducato da quanti, insieme a Mosè, salirono sul monte. Il rito del sangue legava profondamente il popolo all'altare, segno di Alleanza tra Dio e il suo popolo. La vita, che secondo la scrittura risiede nel sangue, non può dipendere dalla volontà dell'uomo perché appartiene esclusivamente a Dio: il sangue asperso sull'altare voleva significare presenza di Dio nell'aspersione di ciò che implicitamente appartiene solo a Lui. Questo dava significato e continuità all'identità perfetta tra le Parole udite da Mosè sul monte, le Parole da lui trasmesse al popolo e le Parole contenute nel libro. La lettura e l'ascolto della Parola, da parte del popolo, equivaleva all'ascolto e all'accoglienza della Parola di Dio, come Sua presenza in mezzo all'uomo, nell'aspersione delle sue Parole che animavano la vita data da Dio, e con Lui condivisa, la cui unione era significata dall'aspersione del sangue dell'olocausto attorno all'altare e sul popolo come segno dell'Alleanza stretta nel segno del sangue. Un'Alleanza suggellata dalla visione di YHWH e dalla manducazione del sacrificio di quanti insieme a Mosè salirono sul monte. Una partecipazione di Dio privilegiata come di coloro che siedono e consumano il pasto alla presenza del Re. Un'apertura al ministero profetico, a coloro che avrebbero goduto di una prolettica partecipazione di Dio. Una visione accaduta nel silenzio del mangiare e bere il sacrificio offerto, che non ha comportato la morte degli invitati al banchetto.[20]

Questa inedita esperienza ha dato luogo ad una nuova situazione entrata nell'ordine della storia della salvezza come rivelazione e partecipazione divina dell'uomo, che si è adattata in un ben particolare rapporto con Dio, quella della Sua condiscendenza che esige fedeltà all'unico e geloso Signore.

> Ogni uomo, Israelita o straniero dimorante in mezzo a loro, che mangi di qualsiasi specie di sangue, contro di lui, che ha mangiato il sangue, io volgerò la faccia e lo eliminerò dal suo popolo. Poiché la vita della carne è nel sangue. Perciò vi ho concesso di porlo sull'altare in espiazione per le vostre vite; perché il sangue espia, in quanto è la vita. Perciò ho detto agli Israeliti: Nessuno tra voi mangerà il sangue, neppure lo straniero che soggiorna fra voi mangerà sangue. Se uno qualunque degli Israeliti o degli stranieri che soggiornano fra di loro

[20] Cf. M. Priotto, *Esodo. Nuova versione, introduzione e commento*, 463-469.

prende alla caccia un animale o un uccello che si può mangiare, ne deve spargere il sangue e coprirlo di terra; perché la vita di ogni essere vivente è il suo sangue, in quanto sua vita; perciò ho ordinato agli Israeliti: Non mangerete sangue di alcuna specie di essere vivente, perché il sangue è la vita d'ogni carne; chiunque ne mangerà sarà eliminato (Lv 17,10-14)

Tale Parola permetteva all'opera della redenzione di presentarsi con tutta la sua forza nella morte sacrificale, il cui valore era quello di espiare i peccati dell'uomo.

La credenza della presenza della vita nel sangue ha motivato la scelta di Dio nell'aver concesso all'uomo di aspergere l'altare come segno di espiazione dei suoi peccati, mediante la Sua stessa vita contenuta nel sangue sacrificale. L'effetto espiatorio non era prerogativa esclusiva del sangue, quanto piuttosto del suo utilizzo nel culto, nell'essere asperso sull'altare. Una funzione salvifica fondata sulla sola decisione di Dio che, mediante il rito dell'aspersione, offriva all'uomo un segno visibile del Suo perdono, per il ripristino della sintonia con il divino.[21]

Il rito dell'espiazione supponeva ancora in vigore l'Alleanza di Dio stipulata con l'uomo. Offuscata dal peccato, era necessario tale rito per lasciare rivivere il vigore del legame Creatore-creatura, col riattivare nell'uomo la sua capacità di comunione con Dio: espiare voleva dire riabilitare.[22]

1.3 I profeti

Elia, il Tisbita, uno degli abitanti di Gàlaad, disse ad Acab: «Per la vita del Signore, Dio di Israele, alla cui presenza io sto, in questi anni non ci sarà né rugiada né pioggia, se non quando lo dirò io». A lui fu rivolta questa parola del Signore: «Vattene di qui, dirigiti verso oriente; nasconditi presso il torrente Cherit, che è a oriente del Giordano. Ivi berrai al torrente e i corvi per mio comando ti porteranno il tuo cibo». Egli eseguì l'ordine del Signore; andò a stabilirsi sul torrente Cherit, che è a oriente del Giordano. I corvi gli portavano pane al mattino e carne alla sera; egli beveva al torrente. Dopo alcuni giorni il torrente si seccò, perché non pioveva sulla regione. Il Signore parlò a lui e disse: «Alzati, và in Zarepta di Sidòne e ivi stabilisciti. Ecco io ho dato ordine a una vedova di là per il tuo cibo». Egli si alzò e andò a Zarepta. Entrato nella porta della città, ecco una vedova raccoglieva la legna. La chiamò e le disse: «Prendimi un pò d'acqua in un vaso perché io possa bere». Mentre quella andava a prenderla, le gridò:

[21] Cf. G. Deiana, *Levitico. Nuova versione, introduzione e commento*,188-190.
[22] Cf. E. Galbiati, *L'eucaristia nella bibbia*, 47-48.

> «Prendimi anche un pezzo di pane». Quella rispose: «Per la vita del Signore tuo Dio, non ho nulla di cotto, ma solo un pugno di farina nella giara e un pò di olio nell'orcio; ora raccolgo due pezzi di legna, dopo andrò a cuocerla per me e per mio figlio: la mangeremo e poi moriremo». Elia le disse: «Non temere; su, fà come hai detto, ma prepara prima una piccola focaccia per me e portamela; quindi ne preparerai per te e per tuo figlio, poiché dice il Signore: La farina della giara non si esaurirà e l'orcio dell'olio non si svuoterà finché il Signore non farà piovere sulla terra». Quella andò e fece come aveva detto Elia. Mangiarono essa, lui e il figlio di lei per diversi giorni. La farina della giara non venne meno e l'orcio dell'olio non diminuì, secondo la parola che il Signore aveva pronunziata per mezzo di Elia. (1Re 17,1-16)

Il Primo libro dei Re propone un personaggio chiave il cui nome è teofanico, Elia infatti significa: «YHWH è il mio Dio». Un apologeta, dunque, che entra in scena prepotentemente con la profezia di giudizio della siccità, di una catastrofe che sarebbe potuta essere scampata solamente dalla sua parola. Si tratta della Parola che, ancora una volta, orienta la vita del profeta e di coloro a cui egli era inviato. Elia deve fuggire verso Oriente, verso la generica e ambivalente direzione dell'esilio: degli ebrei deportati a Babilonia, di Adamo ed Eva cacciati fuori dall'Eden, di Giacobbe in fuga; ma anche, nella sua valenza positiva, l'Oriente è per l'Esodo l'uscita verso la ricercata terra promessa. Una simbologia geografica che racconta ciò che per l'uomo è inesprimibile: il profeta Elia è chiamato a condividere la stessa sorte e le stesse sofferenze del popolo a cui egli è mandato perché, in quanto uomo che subisce le conseguenze del peccato, deve fare esperienza, nella sua vita, della forza liberante della Parola profetica ricevuta e che, a sua volta, deve trasmettere come profezia attuata nel presente di chi parla. Elia è dovuto recarsi verso Oriente, così come il popolo di Israele durante l'Esodo, per fuggire anch'egli dal re che lo perseguitava e per essere dissetato e nutrito dalla provvida mano di Dio. Elia ha conosciuto la volontà di Dio in maniera graduale come orientamento costante della sua esistenza, nell'ascolto permanente della Sua Parola. L'obbedienza alla Parola divina è il primo insegnamento del racconto, è stato nutrimento per il profeta. Ma quando tutto sembrava aver trovato il suo giusto equilibrio, la quiete del profeta venne scossa dalla richiesta di Dio di recarsi in terra straniera e di lasciarsi nutrire da una vedova. Egli ha dovuto lasciare quello che sembrava essere un rifugio stabile per muoversi verso la precarietà del sostentamento di una vedova che nascondeva la promessa di Dio, la Parola che dà stabilità. Ancora una volta Elia era dovuto partire verso la regione di Zarepta di Sidone, fuori dalla giurisdizione di Acab, come straniero per essere esposto all'incertezza di una nuova relazione che sarebbe divenuta per lui nutrimento nella reciproca scoperta che la loro vita dipendeva solamente dalla provvida sussistenza di Dio. Elia, incontrata la donna vedeva, le aveva chiesto acqua e pane, elementi che sarebbero divenuti oggetto di un evento miracoloso: la fine della siccità preceduta dal costante livello di farina nella giara, segno inequivocabile della promessa di Dio. Elia fece esperienza che quanto ricevuto da Dio, attraverso il corvo al riparo da ogni intemperia, era la stessa provvidenza divina nello scambio reciproco relazionale intriso di fede con la donna vedova. La Parola di Dio, che era all'origine del miracolo, è stata esperienza di nutrimento per coloro che dalla Parola si sono lasciati nutrire.[23]

> Acab riferì a Gezabele ciò che Elia aveva fatto e che aveva ucciso di spada tutti i profeti. Gezabele inviò un messaggero a Elia per dirgli: «Gli dei mi facciano questo e anche di peggio, se domani a quest'ora non avrò reso te come uno di quelli». Elia, impaurito, si alzò e se ne andò per salvarsi. Giunse a Bersabea di Giuda. Là fece sostare il suo ragazzo. Egli si inoltrò nel deserto una giornata di cammino e andò a sedersi sotto un ginepro. Desideroso di morire, disse: «Ora basta, Signore! Prendi la mia vita, perché io non sono migliore dei miei padri». Si coricò e si addormentò sotto il ginepro. Allora, ecco un angelo lo toccò e gli disse: «Alzati e mangia!». Egli guardò e vide vicino alla sua testa una focaccia cotta su pietre roventi e un orcio d'acqua. Mangiò e bevve, quindi tornò a coricarsi. Venne di nuovo l'angelo del Signore, lo toccò e gli disse: «Su mangia, perché è troppo lungo per te il cammino». Si alzò, mangiò e bevve. Con la forza datagli da quel cibo, camminò per quaranta giorni e quaranta notti fino al monte di Dio, l'Oreb. Ivi entrò in una caverna per passarvi la notte, quand'ecco il Signore gli disse: «Che fai qui, Elia?». Egli rispose: «Sono pieno di zelo per il Signore degli eserciti, poiché gli Israeliti hanno abbandonato la tua alleanza, hanno demolito i tuoi altari, hanno ucciso di spada i tuoi profeti. Sono rimasto solo ed essi tentano di togliermi la vita». Gli fu detto: «Esci e fermati sul monte alla presenza del Signore». Ecco, il Signore passò. Ci fu un vento impetuoso e gagliardo da spaccare i monti e spezzare le rocce davanti al Signore, ma il Signore non era nel vento. Dopo il vento ci fu un terremoto, ma il Signore non era nel terremoto. Dopo il terremoto ci fu un fuoco, ma il Signore non era nel fuoco. Dopo il fuoco ci fu il mormorio di un vento leggero. Come l'udì, Elia si coprì il volto con il mantello, uscì e si fermò all'ingresso della caverna. Ed ecco, sentì una voce che gli diceva: «Che fai qui, Elia?». Egli rispose: «Sono pieno di zelo per il Signore, Dio degli eserciti, poiché gli Israeliti hanno abbandonato la tua alleanza, hanno demolito i tuoi altari, hanno ucciso di spada i tuoi profeti. Sono rimasto solo ed essi tentano di togliermi la vita». (1Re 19,1-14)

[23] Cf. M. Nobile, *1-2 Re. Nuova versione, introduzione e commento*, 212-214.

La nuova quiete del profeta era stata ancora una volta infranta: la regina Izebel, moglie di Acab, gli mandò a dire che lo avrebbe ammazzato così come egli aveva fatto con i profeti di Baal. Tale annuncio rimbombò fortemente nella vita del profeta, il quale cercò Dio per essere riorientato nella crisi causata dal senso di fallimento che ostacolava il cammino umano della piena contemplazione di Dio. La regina Izabel si contrappose ad Elia come un anti-Dio, avendolo scosso dal di dentro con l'avergli impresso un senso di paura. Fu necessario l'intervento di un *mal'āk* di Dio perché il profeta poté tornare a quella vita a cui aveva rinunciato. La fuga nel deserto di Elia richiama la fuga di Mosè dal faraone nella terra deserta di Madian, entrambe conclusesi sul monte Horeb. Elia si rivolse disperato a Dio, chiedendogli di farlo morire perché non si era mostrato affatto migliore dei suoi padri. L'immagine di sé che il profeta si era costruita, quale prediletto infallibile di Dio, unico nella fede, era venuta meno. Aveva fatto esperienza di non essere in grado di vivere in pienezza la sua vocazione e, come i suoi padri, anch'egli aveva tradito la missione affidatagli da Dio. Elia, pietra miliare del corso della storia della salvezza, non fu immune alle avversità e ai fallimenti comuni ad ogni ordinario peccatore. Lo stesso fallimento che conobbe Abramo (cf. Gn 12,11-12; 20,2-ss), Mosè (cf. Nm 20,12), il re David (cf. 2Sam 11), fu conosciuto anche dal profeta. Elia, dinanzi alla paura, desiderò la morte; vinto dallo sconforto, si ritrovò disorientato nella fede nell'unico e potente YHWH. Egli ha dovuto reimparare il significato di lasciarsi trovare da Dio, ha dovuto nuovamente sentire il gusto e la pienezza che proviene dall'iniziativa di Dio che, nella Sua decisione, instaura l'Alleanza con l'uomo che diventa vita in chi si lascia rinnovare. Una relazione ripresa nella successiva prostrazione del profeta, al riparo della ginestra. Lì, un messaggero mandato da Dio (*mal'āk*) lo svegliò con l'ordine di mangiare e bere: ancora una volta un segno della continua assistenza divina che aveva vinto la discontinuità caratteriale del profeta. Un primo pasto era servito per ristabilire la fiducia interrotta dalla paura di Elia, seguito da un riposo profondo che lo avrebbe preparato ad un secondo risveglio da parte del messaggero, il quale lo incitò ancora una volta a mangiare e a bere per prendere forze per compiere un lungo cammino verso il monte Horeb, luogo della prossima teofania. Un cammino durato quaranta giorni, quanto la durata del soggiorno esodico di Mosè sul Sinai (Horeb), conclusosi in una caverna nella quale, dopo una notte di riposo, Elia fu sollecitato dal desiderio di Dio di conoscere la motivazione per la quale si fosse recato lì. Il nutrimento, il cammino (esodico) e il riposo avevano fatto riacquistare al profeta la consapevolezza smarrita della centralità di Dio, nella professione di fede: «sono geloso di gelosia». Espressione idiomatica di passione profonda di Dio per il suo popolo (cf. Es 20,5). Elia fu protagonista di una insolita teofania, della presenza di Dio che gli si manifestò prossimo in una «voce di silenzio lieve», in un bisbiglio che aprì l'accesso al mistero di Dio, in una quiete misteriosa che nascose mentre rivelava l'imprendibile. Dio, presente nella sua Parola, fu ritenuto degno di fede dal profeta che si era nutrito della Sua presenza, rinvivito dall'azione del mangiare. L'ascolto della Parola di Dio aveva permesso la ricollocazione di Elia nel presente di Dio che ingiunse al profeta di tornare sui suoi passi senza alcuno smarrimento dinanzi alla paura. Elia, così come Mosè, nella teofania dell'Horeb, riacquistò l'incarico di Dio come suo fedele collaboratore di salvezza.[24]

Per il profeta Michea l'idea che il valore del sacrificio possa dipendere dal pregio e dalla quantità delle vittime, anche se si trattasse del sacrificio dei propri figli offerto a Dio con distacco, perde di significato:

> Con che cosa mi presenterò al Signore, mi prostrerò al Dio altissimo? Mi presenterò a lui con olocausti, con vitelli di un anno? Gradirà il Signore le migliaia di montoni e torrenti di olio a miriadi? Gli offrirò forse il mio primogenito per la mia colpa, il frutto delle mie viscere per il mio peccato? Uomo, ti è stato insegnato ciò che è buono e ciò che richiede il Signore da te: praticare la giustizia, amare la pietà, camminare umilmente con il tuo Dio. (Mi 6,6-8)

Israele, sollecitato da Dio ed impersonato da un soggetto singolo imprecisato, ha cercato di corrispondere alle provocazioni ricevute con l'incalzare di domande dal crescente valore, senza però giungere ad una adeguata comprensione delle possibili condizioni che ne avrebbero ristabilito l'Alleanza infranta. Era necessario per Israele riscoprire le esigenze di Dio, ciò che il Creatore cercava dall'uomo, allontanando ogni fraintendimento e pregiudizio. Il ristabilimento della relazione con Dio non poteva esaurirsi nello svolgimento di una adeguata prassi sacrificale. Il profeta che parla per conto di Dio, infatti, si era mosso in tutt'altra direzione, nel cercare di condurre l'attenzione dell'interlocutore verso l'unica richiesta di Dio che non guarda al culto in sé, quanto piuttosto alla vita dell'amato. Da parte sua, il fedele che si rivolse a Dio per conto di Israele, si avvicinò (*qādam*) e si prostrò (*kāpap*) dinanzi a Colui che esercita sull'uomo la sua sovranità divina; l'olocausto offerto interamente a Dio voleva sottolineare la stabilità della relazione con Dio. Il rappresentante del popolo si interrogava circa il gradimento di Dio dinanzi alla quantità smisurata di offerte, finanche all'offerta sacrificale del primogenito. Sacrificare il proprio figlio era considerata offerta suprema che permetteva di riconoscere la vita come dono massimo da offrire al Suo donatore, nel caso di richiesta esplicita (cf. Es 22,28),

[24] Cf. *ib.*, 224-229.

sebbene essa era una pratica proibita dal dettato biblico (cf. Dt 18,10; Lv 18,21; Lv 20,2-5). Una richiesta estrema che voleva evidenziare quanto grande fosse il peccato di Israele, così grande da richiedere un sacrificio immenso per compensare l'abisso che lo separava da Dio. Ma le richieste di Dio, che erano del tutto diverse, non furono comprese. Al popolo infatti fu rammentato come nel corso della sua storia gli vennero insegnati i principi fondamentali per un comportamento all'insegna della giustizia, cioè quello di custodire un atteggiamento di fede nel suo Dio, da cui scaturisce anche un agire a favore del prossimo. La sapienza di Dio, manifestata al popolo d'Israele, non era qualcosa di velatamente nascosta, a disposizione di pochi; era invece un dono per tutti, definita «ciò che è bene» nella sua estensione di «ciò che il Signore cerca da te»; la Sapienza donata svelava il significato delle richieste di Dio come ricerca del bene dell'uomo. Il destinatario che parla per conto di Israele è nominato con l'appellativo di «Uomo», come a voler tenere aperta la possibilità di accesso ad ogni singolo perché senta di essere destinatario dell'istruzione ricevuta. Le richieste di Dio «nient'altro sono che» (*kî 'im*): «praticare il diritto» nella concretezza della costruzione delle relazioni nella coerenza dell'Alleanza; «Amare la bontà» qualità prettamente di Dio richiesta anche al singolo israelita che ne ha fatto esperienza nell'arco della storia della salvezza, qualità che permette di andare al di là del diritto, della semplice correttezza comportamentale. La Bontà permette all'uomo, alla stessa maniera di Dio, di essere per l'altro in una condizione stabile di amore, in un «cammino» all'insegna dell'umiltà come presa di coscienza della propria radicale dipendenza dal Creatore. Il profeta Michea, come ogni altro profeta, non rigetta le pratiche sacrificali a favore di una religiosità etica. Al contrario, egli è certo del fatto che ogni essere umano non può esprimere il proprio affidamento a Dio senza che la sua corporeità venga interpellata affinché al rito sacrificale corrisponda una adeguata disposizione interiore.[25]

> In quel giorno il Signore stenderà di nuovo la mano per riscattare il resto del suo popolo superstite dall'Assiria e dall'Egitto, da Patròs, dall'Etiopia e dall'Elam, da Sènnaar e da Amat e dalle isole del mare. Egli alzerà un vessillo per le nazioni e raccoglierà gli espulsi di Israele; radunerà i dispersi di Giuda dai quattro angoli della terra. Cesserà la gelosia di Efraim e gli avversari di Giuda saranno sterminati; Efraim non invidierà più Giuda e Giuda non osteggerà più Efraim. Voleranno verso occidente contro i Filistei, saccheggeranno insieme le tribù dell'oriente, stenderanno le mani su Edom e su Moab e gli Ammoniti saranno loro sudditi. Il Signore prosciugherà il golfo del mare d'Egitto e stenderà la mano contro il fiume con la potenza del suo soffio, e lo dividerà in sette bracci così che si possa attraversare con i sandali.

[25] Cf. M. Scandroglio, *Michea. Nuova versione, introduzione e commento*, 162-168.

Si formerà una strada per il resto del suo popolo che sarà superstite dall'Assiria, come ce ne fu una per Israele quando uscì dal paese d'Egitto. Tu dirai in quel giorno: «Ti ringrazio, Signore; tu eri in collera con me, ma la tua collera si è calmata e tu mi hai consolato. Ecco, Dio è la mia salvezza; io confiderò, non temerò mai, perché mia forza e mio canto è il Signore; egli è stato la mia salvezza. Attingerete acqua con gioia alle sorgenti della salvezza». (Is 11,11-16.12,1-3)

L'oracolo del profeta Isaia è una promessa escatologica che rimanda la restaurazione «del resto» nel tempo (teologico) di «quel giorno». Un popolo che, per la sfiducia in Dio, si è ritrovato disperso fino ai quattro angoli della terra. Una condizione che ha necessitato ancora una volta dell'intervento di Dio col ripristinare l'armonia tra Efraim e Giuda (cf. Is 11,13-14). La parola profetica veniva ad essere in tal modo veicolo che richiedeva attenzione, attraverso cui permaneva la rivelazione di Dio per la vita e il benessere del popolo d'Israele.[26] Per tale ragione, ogni notte di Pasqua, l'israelita si ritrovava a vegliare per l'attesa di un nuovo intervento di Dio con una nuova Pasqua: «Questo è il pane dell'afflizione che mangiarono i nostri padri nella terra d'Egitto. Chi ha fame venga e mangi, chi è bisognoso venga e faccia la Pasqua. Quest'anno siamo qui, l'anno venturo saremo nella terra d'Israele liberi». La Pasqua ebraica, nell'ordine delle realtà prefigurate, era un segno che, commemorando un evento passato, manifestava un effetto presente e preannunciava l'evento futuro dell'Eucaristia quale realtà definitiva.[27]

Il ritorno del resto d'Israele, già preannunciato dal nome del figlio del profeta *Šearjašub*, potè confermare nella lode liturgica la fede nell'unico Dio nella realtà sperimentata del «Dio della salvezza» (Is 12,2) che libera gli oppressi dall'egemonia delle forze straniere. Una esperienza della misericordia redentrice che evoca una gioia inesauribile come fonte di acqua che dà vita, da non poterla tacere nella testimonianza da rendere al mondo intero. Tale salvezza era solamente un preannuncio della liberazione futura, vissuta già «dal resto» nella tensione escatologica che lo rendeva partecipe di ciò che esso attendeva. Era un «già» e un «non ancora», in senso sacramentale, come tensione che sarebbe stata rivelata nella e dalla Eucaristia. Israele, dalla liberazione della notte dei tempi fino al conforto e sostegno della parola profetica futura, aveva fatto esperienza dell'unica realtà divina operante lungo tutta la storia della salvezza.[28]

---

[26] Cf. B. S. Childs, *Isaia*, 119-122.
[27] Cf. E. Galbiati, *L'eucaristia nella bibbia*, 37.
[28] Cf. B. S. Childs, *Isaia*, 124-126.

Preparerà il Signore degli eserciti per tutti i popoli, su questo monte, un banchetto di grasse vivande, un banchetto di vini eccellenti, di cibi succulenti, di vini raffinati. Egli strapperà su questo monte il velo che copriva la faccia di tutti i popoli e la coltre che copriva tutte le genti. Eliminerà la morte per sempre; il Signore Dio asciugherà le lacrime su ogni volto; la condizione disonorevole del suo popolo farà scomparire da tutto il paese, poiché il Signore ha parlato. E si dirà in quel giorno: «Ecco il nostro Dio; in lui abbiamo sperato perché ci salvasse; questi è il Signore in cui abbiamo sperato; rallegriamoci, esultiamo per la sua salvezza. Poiché la mano del Signore si poserà su questo monte». Moab invece sarà calpestato al suolo,come si pesta la paglia nella concimaia. (Is 25,6-10)

Dopo la disfatta del vecchio ordine caratterizzato dalla violenza e dall'orgoglio, il Signore, la cui presenza gloriosa è adesso sul monte Sion, regna come unico sovrano su Israele. La sua sovranità è esercitata in una maniera nuova, poiché da adesso in poi Egli ha deciso di lasciarsi conoscere come Colui che abbraccia «tutti i popoli», con la promessa della liberazione dalla coltre della cecità spiritualmente che li ricopriva, prospettando, forse, anche la realtà futura dell'al di là come speranza di una vita eterna ultramondana. Dio ha esteso a tutti i popoli il suo invito, e la risposta tipica del linguaggio dell'Israele fedele ne ha confermato la Sua salvezza sotto la nuova veste. Si tratta della formulazione del culto obbediente del popolo in attesa di Dio, che connota l'atteggiamento di attesa ansiosa della salvezza promessa da Dio, nel rammarico espresso dall'orante consapevole del fatto che tale salvezza non è ancora compiuta. È la fede che permette l'attesa della luce lì dove regnano ancora le tenebre, come conseguenza del volto ancora nascosto di Dio. Adesso, però, l'attesa sembra essere terminata perché la salvezza di Dio è diventata oggetto di esperienza sul monte Sion, lì dove Dio stesso ha imbandito un banchetto dove è possibile gustare (manducare) il contenuto della promessa attesa. Dal monte Sion Dio troneggia e prospetta un avvenire dove tutto sarà trasfigurato. Tutti i popoli sono convocati perché sarà il tempo dell'universalismo delle visioni escatologiche che presenteranno YHWH come il Dio che chiama a Sé tutte le nazioni. Il pianto, il lutto, la morte stessa saranno vinti per sempre, e regnerà solamente la gioia. In questo contesto, l'immagine del banchetto sacro di un'immensa assemblea di convitati ne esprime il significato. Ma tale restaurazione, sebbene universale, non è bastevole per rimuovere tutte le tensioni tra il bene e il male. Il mistero della salvezza di Dio è tale da rendere permanente la possibilità dell'uomo, di Moab, di rifiutare l'invito al banchetto divino.[29]

---

[29] Cf. *ib.*,201-202.

Per tale motivo, Israele, per la sua salvezza, ha dovuto imbattersi in un nuovo esodo: il ritorno dall'esilio. Essere ancora una volta in cammino verso la vecchia e sempre nuova terra promessa, come luogo della ricerca dove (ri)vivere pienamente all'Alleanza con Dio e la comprensione della necessità di essere stato liberato dalla schiavitù, da ciò che lo opprimeva fino alla morte: il peccato.

Il giudaismo post-esilico estese il significato della Pasqua, proiettandolo verso l'avvenire messianico. Il memoriale di un evento passato, che non smetteva di vivere nel presente degli israeliti, tornati dall'esilio, divenne pegno di un evento futuro che evocava una smisurata speranza: «Perciò, ecco, la attirerò a me, la condurrò nel deserto e parlerò al suo cuore. Le renderò le sue vigne e trasformerò la valle di Acòr in porta di speranza. Là canterà come nei giorni della sua giovinezza, come quando uscì dal paese d'Egitto». (Os 2,16-17)

> O voi tutti assetati venite all'acqua, chi non ha denaro venga ugualmente; comprate e mangiate senza denaro e, senza spesa, vino e latte. Perché spendete denaro per ciò che non è pane, il vostro patrimonio per ciò che non sazia? Su, ascoltatemi e mangerete cose buone e gusterete cibi succulenti. Porgete l'orecchio e venite a me, ascoltate e voi vivrete. Io stabilirò per voi un'alleanza eterna, i favori assicurati a Davide. (Is 55,1-3)

Con una serie di imperativi, il profeta conferisce al passo un tono crescente per accattivarsi l'attenzione dei suoi interpellati. Un appello divino rivolto al popolo d'Israele invitato a partecipare ai doni promessi da Dio; un'abbondanza offerta ai «servi del Signore» (cf. Is 54,17), a coloro a cui è destinata l'eredità del servo sofferente, nell'ottica di stabilire un nuovo ordine del mondo secondo la volontà di Dio. Similmente al Deuteronomio, che descrive la gioia dell'eredità che Israele ha ricevuto (*nah*^{a}*lāh*) con la gioia semplice e pura del mangiare e bere alla presenza di Dio, anche per il secondo Isaia i doni spirituali destinati a Israele da parte di Dio non sono strettamente legati ai doni materiali. Una fusione di doni atti ad ottenere la vita di Israele, il quale era invitato a venire e ad ascoltare la Parola divina, fonte di vita. Una Parola che fa germogliare la terra con un'abbondanza creativa di doni, che permette ai servi del Signore di vivere in pienezza i benefici dell'«alleanza eterna dei favori assicurati a Davide». È la ripresa di una promessa passata, reinterpretata dal profeta in maniera nuova che è andata oltre ogni tradizione orale comune.[30]

[30] Cf. *ib.*, 473-474.

> Tu sai tutto, Signore, ricordati di me e visitami, vendicati per me dei miei persecutori. Nella tua clemenza non impadronirti di me, sappi che io sopporto insulti per te. Quando le tue parole mi vennero incontro, le divorai con avidità; la tua parola fu la gioia e la letizia del mio cuore, perché io portavo il tuo nome, Signore, Dio degli eserciti. Non mi sono seduto per divertirmi nelle brigate di buontemponi, ma spinto dalla tua mano sedevo solitario, poiché mi avevi riempito di sdegno. Perché il mio dolore è senza fine e la mia piaga incurabile non vuol guarire? Tu sei diventato per me un torrente infido, dalle acque incostanti. Ha risposto allora il Signore: «Se torni a me, io ti farò ritornare e starai alla mia presenza; se saprai distinguere ciò che è prezioso da ciò che è vile, sarai come la mia bocca. Essi torneranno a te, mentre tu non dovrai tornare a loro, ed io, per questo popolo, ti renderò come un muro durissimo di bronzo; combatteranno contro di te ma non potranno prevalere, perché io sarò con te per salvarti e per liberarti. Oracolo del Signore. Ti libererò dalle mani dei malvagi e ti riscatterò dalle mani dei violenti. (Ger 15,15-21)

In un lamento, il profeta Geremia ha voluto affermare la sofferenza della sua vocazione profetica, posta tra l'ostinazione d'Israele e la ferma sovranità di YHWH. Con l'espressione iniziale, «Tu sai tutto», il profeta ha manifestato la sua sottomissione a Colui al quale non può essere nascosto alcun segreto, ragion per cui, la stessa espressione, sarebbe anche voluta essere un rimprovero a YHWH che, pur sapendo, non si muoveva a vantaggio del suo messaggero che soffriva senza alcuna colpa apparente. Un lamento dai forti imperativi: «ricordati», «visitami», «vendicami», «non impadronirti»; pesanti richieste del profeta per mettere pressione a YHWH perché non si dimenticasse del suo servo ed agisse in suo favore. Era questa la situazione su cui versava il profeta, il quale non cessò di pregare in virtù delle promesse precedenti. In una situazione di pericolo di morte, il profeta si rivolse a YHWH perché intervenisse in suo favore come promessa degli impegni presi nei suoi confronti. Il profeta si ritrovava intrappolato in una profonda crisi a causa della fede che aveva riposto in Colui il cui nome era invocato su di lui. Una fede assunta e trasmessa pienamente nell'aver divorato, con avidità, le Sue parole da cui scaturì il mandato profetico senza alcuna resistenza da parte di Geremia. Ma in quel momento, la lamentazione del profeta ha voluto sottolineare tutt'altra cosa rispetto alle promesse precedenti. Egli si ritrovava ad essere socialmente isolato, e la causa di tutto era proprio YHWH che lo aveva condotto verso una realtà che il profeta definisce «malattia dalle ferite incurabili». Nella singolarità dell'esperienza del profeta, YHWH fu considerato inaffidabile. Geremia venne inviato presso i suoi contemporanei da Dio per riferire le sue Parole aspre che suscitarono nel popolo ostilità nei suoi confronti. Geremia si ritrovò da solo nella combutta con i suoi concittadini di Gerusalemme, oramai prossimi alla morte. Dinanzi a questa situazione drammatica e alla pressante richiesta di aiuto del profeta, l'intervento di Dio si manifestò in una imperante condizione: «Se torni a me, io ti farò ritornare e starai alla mia presenza».[31]

Una interazione per nulla facile quella tra Dio e Geremia, fuori dagli schemi consueti, esigente più che mai. Fu necessario per il profeta ritornare all'Alleanza di YHWH, a quel sapore scaturito dalla manducazioe delle Sue Parole, che ne segnarono l'Alleanza fedele di YHWH con quanto aveva scelto; un sapore esigente che il profeta avrebbe dovuto saper estendere, nella fede maturata, al popolo d'Israele che era in Gerusalemme.

Geremia dovette imparare da quanto sperimentato nell'abbandono a YHWH, la maniera in cui Giuda si sarebbe dovuta confrontare con Dio. Il tornare del profeta fu la condizione posta dall'agire di Dio a vantaggio della fedeltà al Suo patto. Geremia non aveva ancora saputo soddisfare le esigenti aspettative di YHWH. Il legame tra Dio e il suo popolo sarebbe dipeso dall'obbedienza del profeta al patto stipulato con YHWH. Al tornare di Geremia alla fedeltà di Dio, cioè alla sazietà e al sapore delle Parole di YHWH manducate, sarebbe conseguito il cambiamento del suo rapporto con Dio e con i suoi contemporanei, e viceversa. Ogni rapporto dipendeva dalla sua fiduciosa adesione a YHWH, a quella solidarietà divina sperata e non ancora pienamente sperimentata. Il profeta fu chiamato da Dio per essere depositario e veicolo delle Sue Parole gravi per Gerusalemme perché sperimentasse la morte, il peso dell'abbandono. Parole che non potevano essere pronunciate con leggerezza, dalle quali sarebbe dipesa la serietà e la credibilità di Dio che aveva inviato il profeta. Dinanzi alla prossima morte di Gerusalemme, il condizionale «se tornerai» rimaneva l'unica possibile soluzione di salvezza capace di manifestare quell'«io sono con te» della prossimità di Dio, espressa dai verbi «salvare», «liberare» e «redimere». Le lamentazioni di supplica del profeta divennero per Israele memoria canonica capaci di vincere l'isolamento e il senso di alienazione che davano voce al sentimento di abbandono provato da Israele durante l'esilio. Il dialogo tra Dio e Geremia era continuato con la comunità in esilio la quale, sulla scia del profeta, era stata sollecitata verso un'obbedienza più seria poiché, come il profeta, aveva fatto esperienza di essere un popolo dalla fede incostante e tormentata.[32]

Israele, certo della fedeltà di YHWH, potè accogliere la novità della fedeltà di Dio, rivelatagli dalle parole del profeta:

[31] Cf. W. Brueggemann, *Geremia*, 149-151.
[32] Cf. *ib.*, 151-153.

Ecco verranno giorni - dice il Signore - nei quali con la casa di Israele e con la casa di Giuda io concluderò una alleanza nuova. Non come l'alleanza che ho conclusa con i loro padri, quando li presi per mano per farli uscire dal paese d'Egitto, una alleanza che essi hanno violato, benché io fossi loro Signore. Parola del Signore. Questa sarà l'alleanza che io concluderò con la casa di Israele dopo quei giorni, dice il Signore: Porrò la mia legge nel loro animo, la scriverò sul loro cuore. Allora io sarò il loro Dio ed essi il mio popolo. Non dovranno più istruirsi gli uni gli altri, dicendo: Riconoscete il Signore, perché tutti mi conosceranno, dal più piccolo al più grande, dice il Signore; poiché io perdonerò la loro iniquità e non mi ricorderò più del loro peccato. (Ger 31,31-34)

Un superamento della vecchia Alleanza stipulata con la disobbediente comunità israelitica preesilica che perse la città di Gerusalemme. La nuova Alleanza riguarda la nuova comunità d'Israele, gli esuli tornati, trasformata da Dio in una comunità che obbedisce nella gioia. Una discontinuità tra quanto precedeva l'esilio e il nuovo scenario della restaurazione postesilica. Dio, senza alcun motivo specifico, si era impegnato in un nuovo rapporto che prese le distanze dalla precedente Alleanza stipulata sul Sinai, andata in frantumi. La nuova Alleanza sarebbe stata caratterizzata da una novità che non ne avrebbe più permesso la sua abrogazione: l'iscrizione nel cuore della Legge. La *Torah* sarebbe più stata una regola esterna, facilmente posta al bando dell'ostilità. Con la nuova Alleanza i comandamenti sarebbero divenuti un segno interiore che avrebbe dato identità al pio osservante. L'obbedienza non sarebbe più stata una costrizione esterna, quanto piuttosto carattere proprio del modo di vivere di Israele, di uomini dal cuore disposto rettamente. Una solidarietà genuina che avrebbe comportato una conoscenza completa di YHWH, di Colui che dona a ciascuno la propria identità vissuta all'interno di una nuova comunità che avrebbe accolto sia il ricordo che la presente lealtà della storia della salvezza. È stato per Israele un ricominciare da capo, in un posto differente, con nuove possibilità, senza più il giogo del circolo vizioso peccato-punizione rotto dalla novità colma di grazia di Dio divenuta opportunità per un giudaismo ricostituito.[33]

Mi disse: "Figlio dell'uomo, mangia ciò che hai davanti, mangia questo rotolo, poi và e parla alla casa d'Israele". Io aprii la bocca ed egli mi fece mangiare quel rotolo, dicendomi: "Figlio dell'uomo, nutrisci il ventre e riempi le viscere con questo rotolo che ti porgo". Io lo mangiai e fu per la mia bocca dolce come il miele. Poi egli mi disse: «Figlio dell'uomo, và, recati dagli Israeliti e riferisci loro le mie parole, poiché io non ti mando a un popolo dal linguaggio astruso

[33] Cf. *ib.*, 279-281.

> e di lingua barbara, ma agli Israeliti: non a grandi popoli dal linguaggio astruso e di lingua barbara, dei quali tu non comprendi le parole: se a loro ti avessi inviato, ti avrebbero ascoltato; ma gli Israeliti non vogliono ascoltar te, perché non vogliono ascoltar me: tutti gli Israeliti sono di dura cervice e di cuore ostinato. Ecco io ti do una faccia tosta quanto la loro e una fronte dura quanto la loro fronte. Come diamante, più dura della selce ho reso la tua fronte. Non li temere, non impaurirti davanti a loro; sono una genìa di ribelli». Mi disse ancora: «Figlio dell'uomo, tutte le parole che ti dico accoglile nel cuore e ascoltale con gli orecchi: poi và, recati dai deportati, dai figli del tuo popolo, e parla loro. Dirai: Così dice il Signore, ascoltino o non ascoltino. (Ez 3,1-11)

Per il profeta Ezechiele era iniziata una sconvolgente missione affidatagli da Colui che sedeva sul trono. Egli aveva ricevuto il mandato di messaggero dalla realtà celeste per riportare a tema la signoria della trascendenza di Dio tra i suoi connazionali, e ribadire ancora una volta che la Sua presenza in mezzo al Suo popolo era condizione necessaria per determinare la vita o la morte di quanti lo avrebbero accolto o rifiutato. Un tentativo profetico, misto alla poesia, le cui visioni iniziali hanno riportato all'attenzione dei destinatari la modalità creazionale dell'umanità, realizzata ad immagine di Dio. Un compito missionario che ha voluto scuotere l'intera persona destinataria del messaggio divino, in ogni suo aspetto, per ricordargli il valore della promessa della realtà divina, fine da raggiungere durante il percorso della vita. Il veggente profetico, per sostenere e portare a termine la missione, è stato fortificato da uno spirito che, una volta entrato in lui, ha agito nella sua umanità per sollevarlo dai disagi e per permettergli di vincere i pericoli che avrebbe dovuto affrontare. L'esperienza del profeta è proseguita nell'aver ricevuto un rotolo con il comando di manducare la Parola divina in esso contenuta, dopo averlo aperto. La Parola divina, scritta su entrambi i lati del rotolo, contenente lamentazioni, gemiti e guai, era stata svelata dal senso gustativo del profeta, che aveva profetizzato ciò che stava per accadere. Gli eventi prossimi, appartenenti e conosciuti solamente da Dio, erano stati condivisi dal profeta con la manducazione della Parola divina. Un'esperienza diretta che ha permesso ad Ezechiele di condividere la sapienza e la conoscenza di Dio nella trasformazione in cibo della Parola ingerita. Un gusto dolce che aveva cambiato il modo di comprendere il compito profetico: un nuovo tipo di equipaggiamento che aveva permesso al profeta di affrontare la difficile missione a cui era stato chiamato, iniziata con l'interiorizzazione della Parola di Dio. Condizione nuova e necessaria che aveva permesso al profeta il superamento della difficoltà di comunicare il contenuto di quanto ingerito che, pur dovendo parlare a persone della stessa lingua, aveva modificato il suo linguaggio, il suo modo di rapportarsi alle cose e alle persone di sempre. Egli si sarebbe dovuto confrontare con l'immane difficoltà comunicativa della «durezza di cuore» dei lontani da Dio. Sebbene destinatari e profeta condividevano le stesse tradizioni, la stessa lingua, la stessa storia, le parole loro rivolte non erano in grado di superare la barriera della loro durezza, quale radice della perdita della fede in Dio e nella sua profezia. La Parola divina manducata dal profeta era divenuta la sua parola: una nuova lingua che annunziava la presenza di Dio nell'esperienza dell'interiorizzazione del prescelto di Dio, la cui comprensione era impossibile per i suoi contemporanei perché disorientati in Dio e dubbiosi di Lui. Ma al profeta non era permesso arrestarsi dinanzi all'indifferenza e all'ostilità incontrata; egli, con il suo nuovo modo di parlare, doveva mostrare una determinazione maggiore del rifiuto d'Israele di ascoltare le nuove parole loro rivolte. La forza scaturita dalla Parola manducata, aveva suscitato in Ezechiele un effetto estatico tanto da aver radicato in Dio la sua identità. La profetica e provvidenziale circostanza di Dio, sperimentata dal profeta, fu la nuova condizione per i gerosolomitani che dovettero affrontare la spiazzante esperienza dell'insediamento in centri precedentemente disabitati, dopo la loro deportazione. Questa nuova realtà, annunziata loro dall'esperienza diretta che il profeta aveva fatto di Dio nella manducazione della sua Parola, avrebbe permesso di resistere al pericolo dell'assimilazione socio-culturale a vantaggio della conservazione della loro identità di popolo scelto da Dio.[34]

1.4 I Sapienziali

> Invece sfamasti il tuo popolo con un cibo degli angeli, dal cielo offristi loro un pane già pronto senza fatica, capace di procurare ogni delizia e soddisfare ogni gusto. Questo tuo alimento manifestava la tua dolcezza verso i tuoi figli; esso si adattava al gusto di chi l'inghiottiva e si trasformava in ciò che ognuno desiderava. Neve e ghiaccio resistevano al fuoco senza sciogliersi, perché riconoscessero che i frutti dei nemici il fuoco distruggeva ardendo tra la grandine e folgoreggiando tra le piogge. Al contrario, perché si nutrissero i giusti, dimenticava perfino la propria virtù. La creazione infatti a te suo creatore obbedendo, si irrigidisce per punire gli ingiusti, ma s'addolcisce a favore di quanti confidano in te. Per questo anche allora, adattandosi a tutto, serviva alla tua liberalità che tutti alimenta, secondo il desiderio di chi era nel bisogno, perché i tuoi figli, che ami, o Signore, capissero che non le diverse specie di frutti nutrono l'uomo, ma la tua parola conserva coloro che credono in te. (Sap 16,20-26)

[34] Cf. J. Blenkinsopp, *Ezechiele*, 30-40.

La narrazione dell'opposizione fra egiziani e israeliti, descritta dall'obbedienza alla signoria di Dio dalla mutevolezza degli elementi della natura a beneficio del popolo eletto, (cf. Sap 16,1-20), è raccontata anche dalla trasmutazione alimentare. Il cambiamento di sapore del cibo, nella letteratura sapienziale, ha trovato spazio per rivelare, in altro modo, il «sapore» della presenza del suo Signore. La potenza di Dio, che non si arresta neanche dinanzi alla morte, sovrasta la storia e le forze della natura. L'autore sacro non si discosta dalla dottrina insegnata dai profeti circa il dominio del Signore sui popoli e sulla creazione (cf. Is 43-45), oltrepassando, senza alcun limite, le categorie dello spazio e del tempo. Egli ha usato antropomorfismi per descrivere l'onnipotenza di Dio esercitata sugli empi (cf. 16,15), sugli egiziani che si opposero ai Suoi piani condotti dal Suo inviato Mosè insieme all'allusione degli elementi naturali riconducibili a tempeste di piogge, fuoco e fulmini che si abbatterono sugli oppositori senza tregua e possibilità di sfuggirvi. Una concezione teologica della realtà pensata dall'autore come cosmicamente unitaria; una visione universalistica del cosmo le cui attività sono subordinate alla salvezza dei giusti. La natura non è autonoma in sé ma al servizio del Suo creatore che l'ha posta al servizio e per la salvaguardia dei Suoi giusti. Gli elementi naturali, nell'essersi alleati tra loro contro gli empi a favore dei giusti, hanno riconosciuto l'«ordine» creazionale nell'opposizione al «caos» generato dal comportamento degli empi nella relazione sovvertita con i giusti. A questo si è aggiunto il beneficio della manna che Dio aveva concesso al Suo popolo come benedizione. Sempre dal cielo, come gli agenti atmosferici nemici degli empi, era giunto per il popolo di Dio un beneficio nella somministrazione di un pane, definito «degli angeli», segno della misericordia di Dio, della Sua sollecitudine paterna sempre pronta dai «mille sapori». Dio, che non ha smesso di lasciarsi conoscere attraverso il creato, ha mostrato la Sua prossimità all'uomo col beneficiarlo con il dono della manna. Un dono speciale dal significato particolare per l'uomo, capace di far dimenticare al fuoco le sue virtù dinanzi alla possibilità di sciogliere la neve e il ghiaccio, descrittivi della manna. Un alimento capace di sfamare tutti perché assumeva tutte le forme, si trasformava in tutte le cose per sostentare il tutto dei tutti. Un sostentamento proveniente dall'onnipotente Parola di Dio diventata connaturale effetto nutrizionale, che troverà piena identificazione nella persona di Gesù Cristo, Parola fatta carne, nella Sua futura e inedita condizione di «pane vivo disceso dal cielo».[35]

[35] Cf. J. V. Líndez, *Sapienza*, 490-498.

> La Sapienza si è costruita la casa, ha intagliato le sue sette colonne. Ha ucciso gli animali, ha preparato il vino e ha imbandito la tavola. Ha mandato le sue ancelle a proclamare sui punti più alti della città: «Chi è inesperto accorra qui!». A chi è privo di senno essa dice: «Venite, mangiate il mio pane, bevete il vino che io ho preparato. Abbandonate la stoltezza e vivrete, andate diritti per la via dell'intelligenza». (Pr 9,1-6)

La sapienza è presentata come una nobile donna che ha costruito la sua casa e in essa ha imbandito un banchetto per invitare tutta la gente desiderosa di apprendere la virtù della prudenza. Una casa fondata su sette colonne dentro cui è possibile sperimentare e vivere la vera gioia. Un banchetto dove è servita carne di animali, vino e pane; tante serve, mandate nei luoghi più alti della città, hanno il compito di invitare tutti coloro che necessitano di cibarsi di quanto offerto dalla «signora sapienza» nel banchetto da lei imbandito, nella casa da lei costruita. La sapienza divina, la cui indole divina-spirituale è allegoricamente descritta da un banchetto di festa a cui tutti sono invitati, abita la casa da lei costruita solidamente sul fondamento di sette colonne: il tempio di Gerusalemme. È nel tempio che veniva insegnata la sapienza, trasmessa la vera fede, insegnata la legge e le virtù legate ad essa, e si praticava il culto a Dio. Nutrirsi al banchetto, mangiare del suo pane, significava stare seduti attorno alla cattedra della Parola così come i commensali stanno attorno alla mensa. Il tempio, la casa costruita dalla sapienza, è figura della futura Chiesa edificata da Cristo dentro la quale «le labbra del giusto nutrono molti, gli stolti muoiono di miseria» (Pr 10,21). L'insegnamento della sapienza si proponeva come cibo la cui manducazione avrebbe concesso al pio devoto un avvenire di sicura speranza perché lo avrebbe reso compartecipe dell'unico banchetto di una vita vissuta come omaggio a Dio. La sapienza ha offerto un animale ucciso, sgozzato (*tābah*): anticipazione di quanto Cristo, immolato sulla croce, ha donato all'uomo con l'avergli comandato di mangiare la sua carne e di bere il suo sangue, condizione dalla quale dipende la vita eterna. Le serve inviate per le vie della città sono coloro che hanno già sperimentato la bontà vitale del banchetto, dalla quale scaturisce la comunicazione della rivelazione divina per quanti vengono incontrati e il relativo invito a partecipare alla mensa sapienziale dell'osservanza della legge di Dio. L'invito a «mangiare il mio pane» e «bevete il mio vino» è un lontano preludio delle parole consacratorie trasmesse da Gesù ai suoi discepoli attorno all'unica mensa. Un nutrimento scaturito dalla sapienza divina, il cui apice sono state le Parole consacratorie di Gesù, che ha permesso al tempo di arrestarsi nell'attimo eterno di Dio fatto carne per l'uomo, nella possibilità offertagli di vivere la Sua stessa vita. Dinanzi a tale promessa l'uomo deve solamente provare ad abbandonare la via della stoltezza, perché la via della prudenza possa divenire nitida via che lasci acquisire all'uomo, fatica dopo fatica, il senso della vita degna di lui, racchiusa dentro la promessa divina.[36]

> Lèvati, aquilone, e tu, austro, vieni, soffia nel mio giardino si effondano i suoi aromi. Venga il mio diletto nel suo giardino e ne mangi i frutti squisiti. Son venuto nel mio giardino, sorella mia, sposa, e raccolgo la mia mirra e il mio balsamo; mangio il mio favo e il mio miele, bevo il mio vino e il mio latte. Mangiate, amici, bevete; inebriatevi, o cari. (Ct 4,16-5,1)

Questi versi del Cantico dei Cantici sono parte del discorso dell'amata nella quale ella ha espresso un ardente desiderio di unione con il suo amato. La descrizione del giardino «chiuso» e il desiderio di lei di vederlo aperto, nell'accoglienza dell'amato che si muta in unione, è significativa allegoria del loro amore. Nel tempo dell'attesa il dialogo è componente risultante della forza singolare dei due che cercano l'equilibrio nella fusione della loro reciprocità.

Essi sono prossimi a «scaturire» dal giardino come profumi nascosti, in un movimento animato dalla contemplazione e dalla stasi della «venuta» dei venti. Due venti, «amiche della sposa», devono preparare l'approssimarsi dello sposo, rappresentato da sessanta prodi presso la sposa amata. Tutto il cosmo è chiamato in aiuto e a sostegno dell'amore. Il risveglio del vento è preludio del risveglio del giardino, pieno di profumi che dormono come la sposa nel tempo dell'attesa. L'amore è forza che anima il vento il cui soffio deve risvegliare il profumo del giardino, apertura all'amore stesso nell'incontro dei due amanti, prossimi sposi. La donna, «il mio giardino», è il soggetto chiamato a «respirare», a «effondere i profumi» insieme all'amato, nella spontaneità della relazione sponsale. Si tratta della testimonianza del carattere sacro del mistero della vita svelato dal ritmo del tempo dell'amore, dal «respiro del giardino». La tensione tra l'affermazione di sé e il dono di sé, è la caratteristica propria dell'amore. Un paradosso che segna il passaggio dall'io soggettivo che cerca e che trova, nel dono di sé, il noi della reciprocità come superamento di sé. Il corpo della donna, il suo giardino, nell'ottica dell'amore generativo di Dio, diventa anche il giardino dell'amato. Solo nella donazione di sé è possibile trovare il significato della propria identità, solo nella perdita (evangelica) della propria vita (cf. Lc 9,24). L'unione dei due, lo stesso giardino, diventa passivo nell'accoglienza quale caratteristica propria della donna; attivo nella presa di possesso dell'uomo che accoglie la donazione dell'amata. La valenza sessuale dell'«entrare» è simbolicamente rappresentata dalla metafora del «mangiare» e del «bere», alla stessa stregua del libro della Genesi, dove è la donna che offre

[36] Cf. M. Cimosa, *Proverbi. Nuova versione, introduzione e commento*, 100-104.

il «frutto» all'uomo. Ma l'assenza di peccato, nel Cantico, connota la profonda differenza come superamento, in termini di salvezza, della scoperta e dell'appropriazione dell'identità smarrita dell'uomo che, nell'azione del mangiare, si riappropria della sua persona, creata ad immagine di Dio. L'accentuazione dell'utilizzo dei pronomi possessivi sottolinea l'unità dei due amanti «amici» che vince la tentazione della sopraffazione dell'uno sull'altra come conseguenza del peccato, a vantaggio del piano originario della volontà di Dio che vuole che i due, nella donazione reciproca, si riconoscano carne della propria carne ed ossa delle proprie ossa (cf. Gn 2,23). Solo nella donna l'uomo può scoprire la propria carne, e viceversa. Solo nella donazione generativa d'amore essi possono scoprire quel di più della donazione di Dio, della Sua immagine condivisa, che aspetta di essere scoperta dalla ricerca di pienezza avvertita dall'uomo come vuoto esistenziale da riempire. Una ricerca espressa dalla voluttà del desiderio di prendere parte al «mangiare» e al «bere» che esprime forte attrazione dell'uno per l'altra. Un linguaggio che lascia intravedere la profondità della comunione dei corpi come rimando alla pienezza della totalità della persona creata per stare di fronte a Dio, come in un contesto di mensa. L'autore del Cantico dei Cantici, a differenza dell'autore di Qohelet (cf. Qo 9,7-9), intravede, nella transitorietà della vita, ciò che non passa perché eterno: l'amore.[37]

1.5 Considerazioni ricapitolative e apertura al *Kairos*

Israele è sempre stato condotto da Dio verso il riconoscimento della Sua signoria su tutto ciò che Egli ha creato attraverso la gestualità dell'offerta di olocausti, oblazioni e sacrifici di ogni genere. La partecipazione ai banchetti ha alimentato nel popolo eletto, nel tempo, la sua coscienza religiosa così tanto da non avere potuto fare a meno di confrontare la propria miseria con la santità di Dio. Questo spiega perché Israele sentiva il bisogno di offrire sacrifici purificatori ed espiatori come mezzi opportuni per la coscientizzazione di istaurare la relazione con Dio, sempre più in maniera radicale. L'offerta di sacrifici, dunque, come opportunità per avvicinarsi alla santità del Creatore attraverso una costante purificazione che doveva investire il tutto della persona, sia il fisico che lo spirito. Il banchetto è divenuto così luogo della convocazione di Dio per il Suo popolo, nel quale si rivelava come Colui dinanzi al quale l'uomo doveva abbandonare ogni pretesa di voler piegare la divinità verso le proprie aspettative. Era Dio che decretava e prescriveva i rituali e i relativi significati teologici che si inserivano nella

[37] Cf. G. Barbiero, *Cantico dei cantici. Nuova versione, introduzione e commento*, 201-210.

vita di Israele, come tensione evolutiva che conduceva il popolo eletto, l'uomo, verso la continua e instancabile opera di liberazione di Dio.[38]

Quanto rintracciato nella Scrittura veterotestamentaria, è stato ripreso da Gesù, dal Figlio di Dio e Dio stesso, il quale ha continuato ed ha portato a compimento l'opera di salvezza del Padre nel memoriale istituito nell'ultima cena dalla Sua Parola: «Fate questo in memoria di me» (Lc 22, 19; 1 Cor 11, 24-25). In analogia con quanto vissuto da Israele nella notte di Pasqua, perpetuato dai discendenti come memoriale per rievocare la liberazione, Gesù ha istituito nell'ultima cena il memoriale della redenzione ultima. Un passaggio di sacrificio che ha portato a compimento il significato e l'efficacia della redenzione di Dio a vantaggio di ogni uomo. Così come, in maniera prolettica, nel sacrificio veterotestamentario non veniva spezzato alcun osso alla vittima sacrificale come speranza per l'avvenire di una elargizione di Dio per il popolo da manifestare in una grande fecondità del gregge così, alla stessa maniera, il sacrificio di Gesù è avvenuto senza alcun osso spezzato (cf. Gv 19, 36) per significare l'abbondanza di Grazia della predilezione di Dio per ciò che ha scelto, divenendo Egli stesso luogo di culto.[39]

---

[38] Cf. I. Cardellini, *I sacrifici dell'antica alleanza. Tipologie, Rituali, Celebrazioni*, San Paolo, Cinisello Balsamo (Mi) 2001, 486-489.

[39] Cf. E. Galbiati, *L'eucaristia nella bibbia*, 26-28.

2. L'eucaristia in Marco

Dalla breve precedente analisi dell'Antico Testamento risulta che, sin dalla creazione, il rivelarsi di Dio si è manifestato, come Padre, nella circolarità relazionale che si instaura attorno alla mensa. Così come, a causa della caduta del primo uomo, la necessità di ristabilire e di superare tale condizione, di lontananza da Dio, costantemente si attualizza attorno ad un banchetto lì dove è possibile stare insieme alla presenza di Dio, mangiando.

Il vangelo di Marco si propone come pedagogo che educa a tale comprensione. La sua narrazione, sembra infatti, essere un costante crescendo rivelativo del mistero dell'incarnazione attorno alla mensa, fino al significato pieno dell'Eucaristia unica via di accesso alla Salvezza proposta da Dio per l'uomo.

2.1 Gesù incontra Levi (2,13-17)

> E uscì di nuovo lungo il mare. E tutta la folla andava a lui, ed egli li ammaestrava. E passando, vide Levi, il figlio di Alfeo, seduto al banco delle imposte, e gli disse: «Seguimi». Ed egli si alzò e lo seguì. Mentre stava a tavola in casa di lui, anche molti pubblicani e peccatori erano a tavola con Gesù e i suoi discepoli; erano molti infatti quelli che lo seguivano. Allora gli scribi dei farisei, vedendolo mangiare con i peccatori e i pubblicani, dicevano ai suoi discepoli: «Perché mangia e beve insieme ai pubblicani e ai peccatori?». Udito questo, Gesù disse loro: «Non sono i sani che hanno bisogno del medico, ma i malati; io non sono venuto a chiamare i giusti, ma i peccatori».

La descrizione della scena prepara a quanto stava per essere compiuto da Gesù nel suo incontro con Levi presso il banco delle imposte, nel contesto di una folla che lo circondava per ascoltarlo. La chiamata di Levi è accompagnata da una grande sequela di Gesù da parte di pubblicani e peccatori, alla presenza dei discepoli.

All'inizio del vangelo di Marco, dopo l'inaugurazione della sua predizione successivamente all'arresto di Giovanni (cf. 1,14-15), dopo la chiamata dei primi quattro discepoli (cf. 1,16-20) e i suoi primi insegnamenti e miracoli (cf. 1,21-45), dopo cioè il suo essersi mostrato, la mensa diviene il luogo scelto dal Maestro per dare inizio ed entrare nel vivo e in profondità della sua missione.

L'evangelista si ricollega a quanto già avvenuto qualche verso prima (cf. 1,16): «e uscì di nuovo lungo il mare; [...] e passando vide Levi» (2,13-14); stessa scena della precedente chiamata, avvenuta in entrambi i casi nel contesto lavorativo dei chiamati, lungo il mare e circondato dalla folla. Segue l'immediata positiva risposta di Levi alla chiamata-sfida «Seguimi» di Gesù (cf. 2,14).[40] Oltre ai pubblicani, si aggiunge anche la problematica dei peccatori i quali vennero ad essere paragonati a degli ammalati che necessitavano di un medico per la guarigione.[41]

Attorno alla chiamata di Levi vennero a convergere due parti sociali presenti nel contesto storico del tempo: i pubblicani (e i peccatori) e gli scribi (dei farisei). In un contesto di mensa la loro abissale distanza sociale, proposta della novità dell'uomo Gesù, venne ad essere marcata in maniera incisiva.

I pubblicani erano degli appaltatori dediti alla riscossione dei tributi delle merci che passavano dalla dogana regionale, i quali tenevano arbitrariamente per sé buona parte del ricavato, erano quindi considerati dei reietti sociali. Nella novità del nuovo insegnamento proposto da Gesù, questi si ritrovavano a mensa attorno a lui. I farisei rappresentavano la parte socio-politica non indifferente, dalle origini poco chiare, la cui presenza era fortemente sostenuta dalla sapienza scritturistica che ne costituiva la loro esistenza vissuta attorno alla loro piena dedizione alla legge. Una classe dalla forte influenza sociale che la rendeva temuta e rispettata in un vissuto sociale che assecondava una coscienza separata nel rapporto con il popolo, da loro definito volgare per la scarsa conoscenza della scrittura e della legge.[42]

In questo contesto si era inserito Gesù, il quale sembrava voler mostrare a coloro che aveva già chiamato cosa significasse «diventare pescatori di uomini» (1,17), scegliere tra la mischia della folla proprio un peccatore, uno che si era macchiato della colpa di lavorare per coloro che opprimevano il popolo di Israele e di guadagnare in maniera sporca alle spalle della propria gente. Venne pescato uno che viveva ai margini della società, che era moralmente escluso e che si nascondeva tra la folla, immerso nel suo vile lavoro.[43] L'essere pescatori di uomini cominciava a prendere una ben precisa connotazione che sarebbe divenuta occasione per dare inizio ad ovvie controversie.

---

[40] Cf. V. Taylor, *Marco. Commento al Vangelo messianico*, Cittadella, Assisi 1977, 205.

[41] Cf. R. Pesch, *Commentario teologico del nuovo testamento. Il Vangelo di Marco*, parte I, Paideia, Brescia 1980, 272.

[42] Cf. J. Gnilka, *Marco*, Cittadella, Assisi 2007, 133-137.

[43] Cf. A. Guida, *Vangelo secondo Marco*, in *I Vangeli*, a cura di R. Manes – A. Guida – R. Virgili – M. Nicolaci, Ancora, Milano 2015, 535.

Per la prima volta vengono menzionati i discepoli di Gesù, nella cornice del suo insegnamento alla folla, tra pubblicani e peccatori, destinatari principali dell'attenzione del Maestro. La loro scelta aveva allargato decisamente la cerchia dei soli cinque chiamati per nome, come apri pista per la successiva chiamata dei dodici.

I discepoli erano gli interlocutori delle lamentele da parte degli scribi nei confronti di Gesù, perché mangiava a tavola con i peccatori, in un contesto cioè di pace, di confidenza, di perdono e di fratellanza; i discepoli erano coloro per mezzo del quale Gesù venne ad essere screditato da parte degli scribi,[44] con una ferma e decisa obiezione: «Perché egli mangia e beve insieme ai pubblicani e ai peccatori?» (2,16). Legittimo interrogativo degli scribi, i quali non potevano che far osservare ai *μαθηταις* del Maestro che il suo stare a mensa in compagnia dei *telonai* e degli *amartoloi*, con gente cioè che trascurava l'osservanza della legge, e che probabilmente conduceva una vita immorale, oltre il fatto che erano contaminati da pratiche pagane, costituiva una profonda offesa alla legge da non meritare certamente sequela e testimonianza.[45]

In un contesto di mensa, attorno alla figura di Gesù, venne a crearsi la formazione di due schieramenti: da una parte gli scribi che gli si opponevano; dall'altra, i discepoli e i peccatori che lo ascoltavano. Secondo la concezione ebraica, un profeta non poteva intrattenersi nel contesto confidenziale propria della mensa con i peccatori perché sarebbe significato approvazione o comunque tacito assenso dinanzi ad uno stato di vita non consono agli uomini pii e devoti del Dio del popolo di Israele. L'attenzione degli scribi dei farisei, dei separatisti da tutto ciò che era impuro,[46] i quali probabilmente non si trovavano presenti nella casa di Levi a condividere i pasti, era volta a marcare la trasgressione di Gesù, avendo così dato inizio all'incomprensione, proprio in un contesto di mensa.

La mensa è il luogo in cui, nella redazione marciana, vengono a convergere la chiamata (di Levi), la presenza dei discepoli e dei molti che lo seguivano, insieme alla presenza costante di scribi e farisei.[47] È quindi il luogo della manifestazione del Signore, ma anche dell'incomprensione e del rifiuto di Gesù, Signore e Maestro.

Alla chiamata di Levi era seguita la seconda disputa che aveva dato avvio ad un filone di controversie contro Gesù, contro Colui il cui interesse era volto alla cura dei peccatori.[48] A questo era seguita una particolare premura di Gesù di raggiungere i peccatori, a discapito dei

[44] Cf. R. Pesch, *Commentario teologico del nuovo testamento. Il Vangelo di Marco*, parte I, 274-275.
[45] Cf. V. Taylor, *Marco. Commento al Vangelo messianico*, 208.
[46] Cf. *ib.*, 209-210.
[47] Cf. J. Gnilka, *Marco*, 130-131.
[48] Cf. A. Guida, *Vangelo secondo Marco*, in *I Vangeli*, 535-536.

«giusti» nel contesto di una mensa, dell'intima relazione con gli interlocutori raggiunti, divenendo motivo di contrasto con la tradizione ebraica.

Gesù, l'ospite itinerante, nel contesto di una mensa, stabilizzava la centralità del suo messaggio in continuità con quanto veniva attestato lungo il suo peregrinante agire. Il suo messaggio annunciava l'imminente venuta del regno di Dio, un forte richiamo per coloro che necessitavano dell'annuncio di salvezza alla stessa stregua di un medico nei confronti dell'ammalato assistito. La comunione vissuta nel contesto di mensa è la stessa comunione che Dio ha instaurato con il suo popolo, pienamente realizzata nell'inclusione dei peccatori alla mensa, luogo dell'espressione tangibile dell'amore salvifico di Dio.[49]

2.2 Incomprensione dei farisei e dei discepoli di Giovanni nei confronti di Gesù nella questione delle spighe strappate (2,18-28)

> I discepoli di Giovanni e i farisei stavano facendo un digiuno. Vennero da lui e gli dissero: «Perché i discepoli di Giovanni e i discepoli dei farisei digiunano, mentre i tuoi discepoli non digiunano?». Gesù disse loro: «Possono forse digiunare gli invitati a nozze, quando lo sposo è con loro? Finché hanno lo sposo con loro, non possono digiunare. Ma verranno giorni quando lo sposo sarà loro tolto: allora, in quel giorno, digiuneranno. Nessuno cuce un pezzo di stoffa grezza su un vestito vecchio; altrimenti il rattoppo nuovo porta via qualcosa alla stoffa vecchia e lo strappo diventa peggiore. E nessuno versa vino nuovo in otri vecchi, altrimenti il vino spaccherà gli otri, e si perdono vino e otri. Ma vino nuovo in otri nuovi!». Avvenne che di sabato Gesù passava fra campi di grano e i suoi discepoli, mentre camminavano, si misero a cogliere le spighe. I farisei gli dicevano: «Guarda! Perché fanno in giorno di sabato quello che non è lecito?». Ed egli rispose loro: «Non avete mai letto quello che fece Davide quando si trovò nel bisogno e lui e i suoi compagni ebbero fame? Sotto il sommo sacerdote Abiatàr, entrò nella casa di Dio e mangiò i pani dell'offerta, che non è lecito mangiare se non ai sacerdoti, e ne diede anche ai suoi compagni!». E diceva loro: «Il sabato è stato fatto per l'uomo e non l'uomo per il sabato! Perciò il Figlio dell'uomo è signore anche del sabato».

Alla pericope relativa al primo contesto di mensa (2,13-17), al primo contrasto tra la Gesù e la legge, la redazione marciana prosegue con altre controversie come conseguenza

[49] Cf. R. Pesch, *Commentario teologico del nuovo testamento. Il Vangelo di Marco*, parte I, 279.

dell'operare del Maestro. Si tratta delle pericopi relative alle controversie sul digiuno e sulle spighe colte nel giorno di sabato.

Sebbene le scene non si svolgono in un contesto di mensa, le controversie si articolano comunque intorno all'importanza del condividere il cibo: l'insegnamento di Gesù è pur sempre inscritto ed accompagnato dall'importanza del cibarsi che contrasta l'interpretazione errata della legge mosaica da parte dei discepoli dei farisei, suoi uditori.

La disputa circa l'importanza del digiuno, relativa al *νηστεύειν* (al digiunare), che prende spunto probabilmente dai consueti racconti rabbinici costruiti attorno a detti e similitudini uniti a fatti reali,[50] è supportata dalla novità del dire di Gesù: il nuovo che sovrasta la staticità del modo di vivere la legge dei discepoli dei farisei, intesa come il vecchio.[51]

Nella redazione marciana, poco attenta alla qualità letteraria secondo uno stile redazionale paratattico, la consequenzialità con la pericope che precede non presenta un legame stilistico, pertanto possiamo dedurre che si tratti di situazioni differenti il cui accostamento redazionale è espressione della volontà di voler trasmettere la personalità del Maestro che coincide con il suo insegnamento. Nella successiva redazione lucana, la chiamata di Levi e la questione nata nella circostanza del banchetto assumono la stessa unità letteraria.[52]

Attorno all'importante controversia del digiuno, quale pratica che caratterizzava i gruppi religiosi del tempo perché segno di conversione e di umiliazione necessaria per placare l'ira di Dio nei confronti del peccato dell'uomo,[53] è stato inserito il connubio tra vecchio e nuovo. Riferendosi probabilmente ad una raccolta di detti già in circolazione, l'intento è stato quello di esprimere al meglio quanto l'irrompere di un nuovo messaggio, rivoluzionario, abbia suscitato uno squilibrio nei confronti del vecchio tale da indirizzare gli uditori verso ulteriori canali di ricezione perché le istituzioni esistenti non perissero e, allo stesso tempo, permettere al nuovo di essere in continuità con il vecchio. La questione ha assunto carattere profetico nel suo passaggio dal presente al futuro degli uditori, come prassi per la comunità tutta, farisei compresi, il cui destino dipendeva dal futuro di Cristo.[54]

La presenza del Maestro, il suo insegnare tra i discepoli e quanti lo ascoltavano, aveva fatto volgere l'attenzione dei suoi uditori verso un nuovo modo di essere nuovi: ascoltare ciò che Lui aveva da dire, rende viva la festa nuziale dove non si può digiunare; rende nuovo il concetto di «nuovo» secondo una inedita qualità espressa dal termine *χαινός*, il cui significato supera il

---

[50] Cf. V. Taylor, *Marco. Commento al Vangelo messianico*, 213.
[51] Cf. R. Pesch, *Commentario teologico del nuovo testamento. Il Vangelo di Marco*, parte I, 281-282.
[52] Cf. V. Taylor, *Marco. Commento al Vangelo messianico*, 212.
[53] Cf. S. Grasso, *Vangelo di Marco. Nuova versione, introduzione e commento*, Paoline, Milano 2003, 91.
[54] Cf. J. Gnilka, *Marco*, 142-143.

precedente concetto di «nuovo» espresso dal termine *νεόν*.[55] Il «nuovo», secondo la novità portata dalla potestà di Gesù, ha acquistato un senso escatologico che contrasta con tutto ciò che è vecchio,[56] così come la gioia condivisa nel banchetto di nozze contrasta con il digiuno legittimato solo dalla Sua assenza. La novità dell'insegnamento di Gesù non poteva essere contenuta dalle vecchie strutture incapaci di comprendere le sue azioni dettate dal suo inedito sistema di valori già anticipato dal profetare di Geremia il quale, per conto di Dio, aveva parlato di «nuova alleanza incisa nel cuore» (cf. Ger 31,31) diversa da quella stipulata con il popolo d'Israele liberato dall'Egitto; o ancora prima dal profeta Osea che, rivolgendosi al popolo che si comporta come una prostituta, aveva ottenuto da Dio vino nuovo (cf. Os 2,10). Solo la futura assenza del Maestro avrebbe lasciato cogliere a coloro che gli si erano opposti il valore del Suo insegnamento, perché preclusi nel loro vecchio sistema come vecchie stoffe o vecchie giare.[57]

Per il Maestro era stato importante sottolineare l'importanza del digiuno come conseguenza dei «giorni in cui lo sposo verrà tolto ai suoi amici di nozze» (cf 2,20): alla morte di Gesù corrisponde la Sua assenza dalla festa nuziale per poi ritornare ad essere presente definitivamente con la Sua risurrezione,[58] nell'evento ultimo anticipato nel momento dell'istituzione dell'eucaristia, nell'ultima cena.

Una pratica probabilmente protocristiana[59] associava la presenza del Maestro in mezzo ai suoi alla festa, al banchetto; all'assenza dello sposo corrisponde il digiuno, la mancanza della festa, della condivisione del banchetto; digiuno e festa non possono sussistere contemporaneamente in una stessa situazione perché l'uno esclude l'altra.

Lo sposo, *ό νυμφίος*, è una figura già contemplata nell'antico testamento che certamente ha influenzato l'apoftegma inserito nel discorso della redazione marciana, alla quale viene conferita un significato messianico accostato alla figura di Gesù, lo sposo del nuovo popolo.[60] Il banchetto nuziale, vissuto alla presenza dello sposo, equivale ad una velata manifestazione del significato della missione di salvezza di Gesù che i suoi uditori non potevano sottovalutare ma viverlo pienamente nella condivisione della mensa nuziale come luogo di festa per l'invito ricevuto e partecipato.

L'osservanza del digiuno, due volte alla settimana (cf. Lc 18,12), era una pratica volta all'attesa della promessa escatologica non ancora compiuta. La presenza di Gesù, con il seguito

[55] Cf. V. Taylor, *Marco. Commento al Vangelo messianico*, 218-220.
[56] Cf. R. Pesch, *Commentario teologico del nuovo testamento. Il Vangelo di Marco*, parte I, 292-293.
[57] Cf. A. Guida, *Vangelo secondo Marco*, in *I Vangeli*, 538-539.
[58] Cf. S. Grasso, *Vangelo di Marco. Nuova versione, introduzione e commento*, 92.
[59] Cf. R. Pesch, *Commentario teologico del nuovo testamento. Il Vangelo di Marco*, parte I, 283.
[60] Cf. V. Taylor, *Marco. Commento al Vangelo messianico*, 216.

della nuova generazione di discepoli, si era imposta nell'avere riqualificato l'osservanza del digiuno così come veniva osservato prima di Lui. L'ascesi dei discepoli di Giovanni, così come l'osservanza del digiuno da parte dei discepoli dei farisei, connotava certamente l'attesa del compimento della salvezza. Il digiuno del Battista, il suo ascetismo come preparazione della via del Signore fino al compimento del tempo, aveva perso di significato dal momento del suo arresto perché ad esso era seguito l'inizio della predicazione di Gesù che aveva posto fine ad un discepolato di attesa vissuto nella pratica del digiuno. Lo stesso era valso per i discepoli dei farisei i quali erano legati al digiuno imposto dalla festa dello *Yom Kippur*, dalla memoria del perdono dei peccati e dal ringraziamento a Dio liberatore, con uno sguardo volto al passato verso ciò che era accaduto prima di loro e, nello stesso tempo, uno sguardo al futuro come attesa escatologica della venuta del Cristo, del Messia promesso e atteso. La pre-potenza del Signore, adesso presente come lo sposo al banchetto nuziale, aveva manifestato le motivazioni che ne avevano giustificato il digiuno e l'astinenza come attesa di Dio nell'aver assunto su di sé il compimento dell'attesa stessa, evento che da quel momento era rivolto alla nuova generazione di discepolato che aveva fatto proprio l'invito a nozze nel «lasciare il vecchio per il nuovo» (cf. 2,21-22). Il dire del Maestro aveva portato a maturazione e a compimento la vita ascetica concepita dalla precedente esperienza giudaica, legata alle pratiche del digiuno, secondo una nuova logica di salvezza inaugurata da Gesù che avrebbe assunto la sua pienezza nell'evento di morte e di risurrezione dello sposo.[61]

L'assenza dello sposo, nel giorno della Sua morte, sarebbe stata stata la momentanea fine della festa, a cui sarebbe seguito il digiuno come ultima attesa del ritorno dello sposo per l'incontro definitivo con gli invitati alla mensa nuziale, alla partecipazione stabile della Sua risurrezione. L'assenza e il digiuno sono il principio del tempo della Chiesa, che ha trovato il suo inizio in ciò che era stato promesso da Gesù nell'istituzione dell'eucaristia, nell'ultima cena.[62]

La scena successiva è introdotta dalla descrizione di ciò che stava facendo Gesù in compagnia dei suoi discepoli, durante una passeggiata in un campo di grano in giorno di sabato. Anche se la pericope riguardante le spighe strappate è considerata una unità a sé dagli studiosi, per la ricerca che mi sono prefissato la considero un'unità con la precedente pericope relativa alla questione del digiuno, perché anch'essa di controversia attorno alla questione presa in esame, dell'importanza che Gesù ha dato alla necessità di cibarsi.

---

[61] Cf. S. Grasso, *Vangelo di Marco. Nuova versione, introduzione e commento*, 93.
[62] Cf. R. Pesch, *Commentario teologico del nuovo testamento. Il Vangelo di Marco*, parte I, 289.

Si tratta della narrazione di una ulteriore questione tra farisei e Gesù che, dinanzi alla legge, sembrava agirle contro venendo meno in Lui, e nei suoi «indisciplinati» discepoli, l'osservanza del riposo del sabato. L'opposizione dei farisei era rivolta a Gesù perché ritenuto il responsabile dell'agire proibito dei suoi discepoli. La particella *ἴδε* (Vedi!) (cf. 2, 24) esprime con vigore l'opposizione nei confronti della deliberata violazione del sabato a cui sarebbe dovuta corrispondere la lapidazione come conseguenza della trasgressione.[63]

Tale questione non sembra essere un racconto di cornice perché diverse sono le storie di conflitto tramandate attorno ad episodi riguardanti la trasgressione del giorno del sabato, nelle narrazione dei quattro evangelisti.[64]

I farisei, la cui presenza tra i campi era poco probabile, si erano opposti a Gesù perché si era seduto a mensa con pubblicani e peccatori; ancora una volta avevano disapprovato il Suo agire perché aveva permesso ai suoi discepoli di trasgredire un comandamento fondamentale della legge riguardante la creazione e l'alleanza.[65] La risposta immediata di Gesù, con una contro-domanda, aveva cercato di riportare alla memoria dei farisei quanto narrato dalla scrittura circa il re Davide che, trovandosi con i suoi compagni affamati, ebbe l'autorizzazione del sacerdote Abiatàr di cibarsi dei pani offerti al santo dei santi nella tenda (cf. 1 Sam 21,2-7). Oltre all'importanza del ricordare, Gesù aveva colto l'occasione per spiegare ai suoi accusatori l'unico significato della legge, del sabato in particolare, quale occasione donata all'uomo per soddisfare i suoi bisogni.

Proprio a partire dal contesto di necessità (di fame) del re Davide e dei suoi compagni, Gesù, il Signore del Sabato (cf. Mt 12,1-8; Gv 5,18), aveva rivelato il contenuto profondo della legge data da Dio all'uomo perché anch'egli, creato a sua immagine (Gn 1, 26), vivesse in pienezza e in libertà il piacere del riposo, priorità di Dio al termine della creazione.

Il giorno di riposo, che ha posto fine alla creazione, deve poter essere per l'uomo compartecipazione di Dio. L'episodio delle spighe strappate manifesta pienamente l'assoluta libertà di Gesù respirata dai suoi discepoli i quali, nell'infrangere la legge, avevano saputo cogliere la libertà della partecipazione alla vita divina condivisa nella vicinanza al Maestro, il Signore del Sabato.

L'incursione di Gesù nell'episodio veterotestamentario riguardante Davide e i suoi compagni, nel contesto di controversia con i farisei nel giorno sabato, ha voluto, forse, significare la novità del nuovo che prende il posto del vecchio come continuità redazionale con

---

[63] Cf. *ib.*, 298-299.

[64] Cf. V. Taylor, *Marco. Commento al Vangelo messianico*, 221-222.

[65] Cf. S. Grasso, *Vangelo di Marco. Nuova versione, introduzione e commento*, 93.

la precedente pericope: I pani offerti al santo dei santi nella tenda nel giorno di sabato venivano consumati dai sacerdoti durante la settimana e, nel giorno di sabato, venivano nuovamente offerti pani nuovi. La risposta di Gesù ai farisei, nel giorno di sabato, è voluta essere l'equivalente veterotestamentario della nuova offerta dei pani da parte dei suoi discepoli, nella libertà di strappare spighe in un momento apparentemente proibito dalla legge, nella novità della spiegazione del significato del giorno del sabato da parte di Gesù per quanti non riuscivano a vivere la legge come dialogo di amore di Dio con il suo popolo. Il sabato non è questione di riposo normato, ma giorno propizio per fare memoria di libertà.

Gesù aveva lasciato fare ai suoi secondo una libertà che ha svelato la Sua potestà regale nella condivisione del soddisfacimento di un bisogno umano, secondo un agire che corrisponde al rinnovo dei pani della tenda come offerta/risposta di libertà al Santo dei Santi.[66]

La fame dell'uomo è occasione di pretesa del soddisfacimento del suo bisogno vitale/creazionale, che trova nella Parola donatagli il fabbisogno necessario per porre fine al bisogno.

2.3 Gesù, circondato dalla folla, non riesce a prendere cibo e non è compreso (3,20-35)

> Entrò in una casa e di nuovo si radunò una folla, tanto che non potevano neppure mangiare. Allora i suoi, sentito questo, uscirono per andare a prenderlo; dicevano infatti: «È fuori di sé». Gli scribi, che erano scesi da Gerusalemme, dicevano: «Costui è posseduto da Beelzebùl e scaccia i demòni per mezzo del capo dei demòni». Ma egli li chiamò e con parabole diceva loro: «Come può Satana scacciare Satana? Se un regno è diviso in se stesso, quel regno non potrà restare in piedi; se una casa è divisa in se stessa, quella casa non potrà restare in piedi. Anche Satana, se si ribella contro se stesso ed è diviso, non può restare in piedi, ma è finito. Nessuno può entrare nella casa di un uomo forte e rapire i suoi beni, se prima non lo lega. Soltanto allora potrà saccheggiargli la casa. In verità io vi dico: tutto sarà perdonato ai figli degli uomini, i peccati e anche tutte le bestemmie che diranno; ma chi avrà bestemmiato contro lo Spirito Santo non sarà perdonato in eterno: è reo di colpa eterna». Poiché dicevano: «È posseduto da uno spirito impuro». Giunsero sua madre e i suoi fratelli e, stando fuori, mandarono a chiamarlo. Attorno a lui era seduta una folla, e gli dissero: «Ecco, tua madre, i tuoi fratelli e le tue sorelle stanno fuori e ti cercano». Ma egli rispose loro: «Chi è mia madre e chi sono i miei fratelli?». Girando lo sguardo su quelli che erano seduti attorno a lui, disse:

[66] Cf. R. Pesch, *Commentario teologico del nuovo testamento. Il Vangelo di Marco*, parte I, 301.

«Ecco mia madre e i miei fratelli! Perché chi fa la volontà di Dio, costui per me è fratello, sorella e madre».

L'aver inserito nella redazione del vangelo l'episodio in cui Gesù è stato considerato fuori di sé dai suoi, tanto da essere temuto, è garanzia di veridicità del racconto stesso contro una possibile creazione narrativa della comunità.[67] La presunta follia di Gesù, creduta tale dai suoi, è luogo di rivelazione della superiorità ontologica che si mostra come tale per la necessaria sequela che va ascoltata e accettata nella sua rivoluzionaria novità.

La vicenda narra della presenza di Gesù presso una casa in un luogo imprecisato (anche se è plausibile pensare si trattasse della casa di Cafarnao) attorniato dai suoi e da una grande folla che non permetteva loro di mangiare. Ancora una volta l'accostamento redazionale tra la rivelazione di Gesù e la mensa viene ad assumere un ruolo centrale, nella quale si evidenzia lo stretto connubio tra la rivelazione di Gesù e la folla che è incapace di accoglierlo. Si tratta di un primo bilancio della sua attività contrastata dai capi della legge, e dalla sua famiglia che voleva prenderlo perché ritenuto fuori di sé.

Una presa di posizione animata dai conoscitori della legge che contestava la novità del Maestro perché incapaci di cogliere la novità del Regno che stava accadendo la casa, lì dove era impossibile mangiare, era divenuto luogo di tensione e di incomprensione della rivelazione del Maestro.[68]

Nella pericope che precede Gesù era impegnato a compiere miracoli e a scacciare diversi spiriti impuri tra quanti lo attorniavano e gli si gettavano addosso, anche solo per toccarlo, per essere guariti da varie malattie (cf. 3,7-12). Gesù compiva miracoli come azioni propedeutiche per la comprensione di sé da parte di chi lo osservava o beneficiava di guarigioni. Quanti traevano benefico da ciò che ne conseguiva dallo stare alla presenza del Maestro, non potevano non riconoscere di essere dinanzi a «qualcuno» capace di proporre qualcosa di nuovo che stava per immetterli in una nuova realtà. Il Regno di Dio annunciato, non ancora compreso perché non ancora pienamente svelato, era già in mezzo all'uomo, tra le folle.

Miracoli come azioni volte alla ristrutturazione del mondo antico; una novità carismatica che ha voluto rivoluzionare l'interpretazione del mondo, per mezzo di azioni simboliche, dagli effetti immediati, come occasioni propizie che hanno condotto le folle verso lo svelamento dell'identità di Gesù, il Figlio di Dio, venuto a portare a compimento la salvezza di Dio Padre

---

[67] Cf. V. Taylor, *Marco. Commento al Vangelo messianico*, 249.
[68] Cf. S. Grasso, *Vangelo di Marco. Nuova versione, introduzione e commento*, 108-110.

per il suo popolo. Salvezza che si era concretizzata nell'avere attirato a sé ogni uomo proveniente da ogni regione (cf. 3,7-8).[69]

Non è stato forse un caso che Gesù, dopo aver compiuto inequivocabili miracoli, era continuato a rimanere immerso nella folla per manifestare la sua identità secondo una graduale conoscenza pedagogica di sé, per quanti attendevano la venuta del Messia. Non è stato forse un caso che l'autore del secondo vangelo abbia scelto contesti di mensa come luogo per favorire e contrastare, allo stesso tempo, l'incomprensione e l'impossibilità conviviale rivelativa di Gesù attorno alla mensa. La folla, che faceva ressa attorno a Gesù e ai suoi, impedendo loro di mangiare non poté comprendere quanto Gesù voleva svelare di sé. Dall'impossibilità di mangiare, attorno alla mensa in una casa, era scaturita l'incomprensione e il desiderio di sminuire la persona del Maestro.

L'opinione dei rappresentanti ufficiali della religiosità giudaica aveva contestato vivamente l'operare di Gesù, considerando il Suo agire opera di Beelzebùl. Gesù di contro, dinanzi all'affermazione dei Suoi oppositori, nell'averli convocati a sé in maniera ferma e decisa (cf. 3,23), aveva dato seguito all'annuncio dell'unica eccezione di peccato che non può essere perdonato all'uomo. Egli esordì con una dichiarazione solenne[70] che lo aveva qualificato come testimone e donatore della realtà celeste e portatore dello Spirito: l'insulto allo Spirito Santo identifica immediatamente la distanza abissale tra ciò che è Santo e ciò che è immondo, imperdonabile, ovvero la trasgressione nei confronti di Dio nel misconoscere la Sua azione salvifica nella storia giunta nel mondo grazie all'incarnazione del Figlio. Quanto il Maestro aveva desiderato compiere non era stato reso possibile dall'ostile opposizione dei garanti della religiosità, parallelamente all'impossibilità di mangiare.[71]

---

[69] Cf. R. Pesch, *Commentario teologico del nuovo testamento. Il Vangelo di Marco*, parte I, 355.

[70] *Amên legô hymin*: è la prima volta che si trova questa formula asseverativa solenne (tredici volte in tutto nel vangelo di Marco) che figura solo in bocca a Gesù e denota fermezza e certezza; nel contesto, dire qualcosa che deve essere ritenuto certo, che deve essere «assicurato» (cf. J. Mateos – F. Camacho, *Il vangelo di Marco. Analisi linguistica e commento esegetico*, vol. 1, Cittadella editrice, Assisi 2010, 327); si tratta della traslitterazione grecizzata della parola di origine ebraica *āmēn*, aggettivo verbale dalla radice אמן dal significato «essere stabile», «essere fermo». Nei testi dell'AT la parola è impiegata dal singolo o dalla comunità per esprimere il proprio assenso nell'accettare un incarico (cf. 1 Re 1,36), come conferma e accettazione di un intervento di Dio (cf. Nm 5,22; Dt 27,15), come attestazione di lode nelle dossologie (cf. 1 Cr 16,36; Sal 41,14). In tutti questi casi il termine *āmēn* esprime il riconoscimento di determinate parole come vere e vincolanti: «amen» significa, quindi, ciò che è riconosciuto come certo e valido. A questo fa seguito il verbo al presente *legô*, dire, usato esclusivamente da Gesù che parla del proprio parlare e ne sottolinea la forza, l'insistenza e la validità. In particolare la formula *Amên legô hymin* esprime il carattere solenne e irrefutabile di quanto affermato da Gesù (cf. A. Belano, *Il vangelo secondo Marco. Traduzione e analisi filologica*, Aracne, Roma 2010, 260-261).

[71] Cf. S. Grasso, *Vangelo di Marco. Nuova versione, introduzione e commento*, 126-128; J. Gnilka, *Marco*, 199-201; cf. J. Mateos – F. Camacho, *Il vangelo di Marco. Analisi linguistica e commento esegetico*, vol. 1, 334-335

Oltre ai membri della religiosità giudaica, anche i familiari di Gesù erano intervenuti determinati per impadronirsi di Lui[72] con la scusante: «è fuori di sé» (3,21). Il comportamento di Gesù esulava da ogni convenzione abituale tanto da non lasciare posto ad un eventuale reinquadramento di pensiero che costringesse un ripensamento dei suoi circa la vita vissuta secondo schemi già precostituiti.

L'espressione *Kratêsai auton*,[73] forte nel suo significato, fa ben capire la pressante preoccupazione dei suoi familiari i quali, avendo sentito qualcosa di preoccupante, erano accorsi sul posto per bloccare Gesù. Il senso dell'espressione infatti è proprio quello di arrestare la persona, forse per la preoccupazione di preservare Gesù da ciò che stava predicando,[74] il cui contenuto non ci è dato sapere. Per il redattore è sembrato importante sottolineare il contrasto che si era venuto a creare tra chi ascoltava e chi non poteva comprendere perché lontano dalla mensa, dalla possibilità di mangiare insieme; una circostanza che non permetteva, a quanti gli si opponevano, di partecipare allo stesso banchetto. All'impossibilità di mangiare insieme al Maestro era seguita, inesorabilmente, l'impossibilità per la folla di comprenderlo. Ovvia conseguenza come sua caratteristica propria, resa esplicita dalle reazioni delle due frange di persone che avevano raggiunto il Maestro Gesù, diverse tra loro, ma entrambe accomunate dall'essere indisposte a provare a cogliere la novità annunciata loro dal Maestro che parla: gli scribi provenienti da Gerusalemme, arroccati nella loro certezza di legge; i suoi, provenienti probabilmente da Nazareth, chiusi nella certezza di conoscere Gesù perché loro parente. Entrambi gli schieramenti vogliono significare due modalità (negative) dell'essere dell'uomo; due modalità che ostacolano la comprensione e l'adesione a Colui che, attorno alla mensa, si è proposto come cibo il cui effetto ottiene la liberazione dalla schiavitù per quanti partecipano allo stesso banchetto. La folla che si accalcava attorno a Gesù e che impediva la consumazione del pasto attorno all'unica mensa, era stata la causa impersonale che aveva ostacolato la comprensione del Maestro nel suo rivelarsi dinanzi alle due estreme reazioni, dinanzi a coloro che rappresentavano l'incomprensione personificata del nuovo e definitivo annuncio.

---

[72] Cf. R. Pesch, *Commentario teologico del nuovo testamento. Il Vangelo di Marco*, parte I, 344.

[73] Infinito di valore finale, è espressione che vuole manifestare tutta l'intenzione di privare della libertà Gesù. Seguito da *elegon*, l'espressione nel suo insieme indica la conclusione alla quale arrivano i suoi familiari i quali si sono resi conto della decisione di Gesù di costituire il nuovo Israele e della simpatia che suscita in molti. Nei familiari di Gesù, i quali sospettavano la possibilità di un esaurimento psicofisico del loro parente come conseguenza del suo agire che causava euforia della folla da non avere nemmeno il tempo per mangiare, la notizia ha provocato una opinione sbagliata circa la sua follia e la conseguente azione di bloccarlo violentemente (cf. J. Mateos – F. Camacho, cit., vol. 1, 321; A. Belano, cit., 250-251).

[74] Cf. V. Taylor, *Marco. Commento al Vangelo messianico*, 251.

Le due parti, paradossalmente, sono in reciproco rapporto per quanto riguarda la distanza di intenti rispetto a ciò che attorno alla mensa sarebbe dovuto accadere. Le due parti sono voce di ciò che la folla non aveva permesso: lasciare svelare a Gesù la Sua identità per mezzo della Sua Parola, attorno ad una mensa in una casa; l'identità di Colui che, mandato dal Padre, è venuto per annunciare ed attuare l'istaurarsi del Regno di Dio.

2.4 Risurrezione della figlia di Giairo: rivelazione e mandato (5,21-43)

Essendo Gesù passato di nuovo in barca all'altra riva, gli si radunò attorno molta folla ed egli stava lungo il mare. E venne uno dei capi della sinagoga, di nome Giàiro, il quale, come lo vide, gli si gettò ai piedi e lo supplicò con insistenza: «La mia figlioletta sta morendo: vieni a imporle le mani, perché sia salvata e viva». Andò con lui. Molta folla lo seguiva e gli i stringeva intorno. Ora una donna, che aveva perdite di sangue da dodici anni e aveva molto sofferto per opera di molti medici, spendendo tutti i suoi averi senza alcun vantaggio, anzi piuttosto peggiorando, udito parlare di Gesù, venne tra la folla e da dietro toccò il suo mantello. Diceva infatti: «Se riuscirò anche solo a toccare le sue vesti, sarò salvata». E subito le si fermò il flusso di sangue e sentì nel suo corpo che era guarita dal male. E subito Gesù, essendosi reso conto della forza che era uscita da lui, si voltò alla folla dicendo: «Chi ha toccato le mie vesti?». I suoi discepoli gli dissero: «Tu vedi la folla che si stringe intorno a te e dici: "Chi mi ha toccato?"». Egli guardava attorno, per vedere colei che aveva fatto questo. E la donna, impaurita e tremante, sapendo ciò che le era accaduto, venne, gli si gettò davanti e gli disse tutta la verità. Ed egli le disse: «Figlia, la tua fede ti ha salvata. Va' in pace e sii guarita dal tuo male». Stava ancora parlando, quando dalla casa del capo della sinagoga vennero a dire: «Tua figlia è morta. Perché disturbi ancora il Maestro?». Ma Gesù, udito quanto dicevano, disse al capo della sinagoga: «Non temere, soltanto abbi fede!». E non permise a nessuno di seguirlo, fuorché a Pietro, Giacomo e Giovanni, fratello di Giacomo. Giunsero alla casa del capo della sinagoga ed egli vide trambusto e gente che piangeva e urlava forte. Entrato, disse loro: «Perché vi agitate e piangete? La bambina non è morta, ma dorme». E lo deridevano. Ma egli, cacciati tutti fuori, prese con sé il padre e la madre della bambina e quelli che erano con lui ed entrò dove era la bambina. Prese la mano della bambina e le disse: «Talità kum», che significa: «Fanciulla, io ti dico: àlzati!». E subito la fanciulla si alzò e camminava; aveva infatti dodici anni. Essi furono presi da grande stupore. E raccomandò loro con insistenza che nessuno venisse a saperlo e disse di darle da mangiare.

Carattere principale di questa pericope è l'intreccio di due racconti di miracoli compiuti da Gesù[75] quando, dinanzi alla supplica di Giairo per la figlioletta morente, egli decise di mettersi in cammino per guarirla. In continuità alla decisione presa dal Maestro, la narrazione prosegue con il racconto della guarigione di una donna che soffriva di emorragia da dodici anni: storia che incrementa la tensione e l'attesa dell'intervento risolutivo di Gesù, il quale era immerso e trattenuto da una grande folla. Sin dall'inizio della narrazione Gesù è inserito in un contesto di grande movimento turbolento che provoca confusione; la gente del posto, il cui bisogno di riscatto era prioritariamente necessario, era accorsa lì dove si trovava il Maestro perché avevano riconosciuto in Lui la possibilità di essere liberati dal profondo senso di disorientamento su cui versavano disperatamente.[76]

Al rientro dal paese dei geraseni, dove era stato espressamente invitato dagli abitanti di quel luogo di andarsene lontano da loro, Gesù era giunto nuovamente sulle coste giudaiche del lago di Tiberiade, in un luogo imprecisato della Galilea. Egli, i cui spostamenti non passavano inosservati, aveva nuovamente attirato a sé una grande folla che aveva fatto ressa attorno a Lui. Gesù, il cui agire era già stato scomunicato dall'istituzione giudaica (cf. 3,22), non voleva smettere di operare in favore di quella folla, di quella società cultuale, per liberarla da ciò che la opprimeva. Ma l'agire salvifico del Maestro, così come era stato rifiutato in terra pagana dai geraseni, non era stato riconosciuto come tale dalla pressante istituzione giudaica.[77]

Dinanzi a questo scenario il bisogno della folla, il bisogno del popolo di Israele, viene ad essere impersonato da due personaggi: il primo da un uomo presentato al lettore con la sua professione e il suo nome, si tratta di un capo della sinagoga di nome Giairo; il secondo da una donna che versava in gravi perdite di sangue, prefigurazione dell'Israele marginalizzato dall'istituzione giudaica.[78]

Mentre Gesù si trovava ancora sulla riva del lago, Giairo si staccava dal resto della folla per presentare al Maestro la sua sofferenza, prostrato dinanzi a Lui. Giairo, il cui significato anticipa simbolicamente la prossima risurrezione,[79] essendo un alto rappresentante

---

[75] Cf. J. Gnilka, *Marco*, 285-286; R. Pesch, *Commentario teologico del nuovo testamento. Il Vangelo di Marco*, parte I, 467.

[76] Cf. S. Grasso, *Vangelo di Marco. Nuova versione, introduzione e commento*, 151; J. Gnilka, *Marco*, 290; R. Pesch, *Commentario teologico del nuovo testamento. Il Vangelo di Marco*, parte I, 470-471.

[77] Cf. S. Grasso, *Vangelo di Marco. Nuova versione, introduzione e commento*, 151; J. Mateos – F. Camacho, *Il vangelo di Marco. Analisi linguistica e commento esegetico*, vol. 1, 449-450.

[78] Cf. J. Mateos – F. Camacho, *Il vangelo di Marco. Analisi linguistica e commento esegetico*, vol. 1, 450.

[79] Giairo corrisponde al nome ebraico *Jair* dalla radice *i'ir* (risplenda la divinità), ma può anche venire interpretato mediante la grafia *j'jr* (Dio risusciterà). Il padre della fanciulla porta un nome che può essere inteso come portatore di una promessa divina (cf. S. Grasso, cit., 151; V. Taylor, cit., 322; R. Pesch, cit., 474; J. Mateos – F. Camacho, cit., vol. 1, 451).

dell'istituzione sinagogale, sorprende per essersi avvicinato e prostrato pubblicamente dinanzi a Colui che aveva infranto i rapporti con i farisei, all'interno della sinagoga di Cafarnao (cf. 3,1-7); Giairo è paradigma di dualità tra l'assolvere una funzione (essere un capo della sinagoga) e il sentire la pochezza dell'umanità caduca soggetta alla restrizione della mortalità.[80] Il prostrarsi dinanzi a Gesù, segno di venerazione e di sottomissione, è stato il presupposto della richiesta insistente ed urgente per la figlioletta di dodici anni che versava in fin di vita. Giairo era fermamente convinto che l'imposizione delle mani del Maestro sulla figlioletta le avrebbe permesso di «vivere», le avrebbe ri-donato la vita, la salvezza. Seguendo con tenacia questa sua convinzione, si era ritrovato dinanzi ad un bivio decisionale che lo ha condotto a dover scegliere tra la fedeltà all'istituzione/popolo di cui egli era rappresentante, e la fedeltà all'amore della figlia/popolo da cui dipendeva la propria vita. Giairo, messo alle strette dalla tragica condizione salutare della figlia, aveva scelto senza esitare la possibilità di essere liberato dalla morte, rompendo ogni condizionamento religioso e sociale che non era in grado di garantire ciò che la morte della figlia le stava portando via: vivere la relazione come possibilità di amare e di essere amato.[81]

Ma proprio quando avevano deciso di incamminarsi verso la casa del capo sinagogale, tra la folla che pressava Gesù, ancora una volta un'altra persona, una donna emorroissa, si era decisa, come Giairo, di staccarsi dalla turbolenza della folla per «prendere» da Gesù la fine dei suoi tormenti. Tormenti che duravano ormai da dodici anni senza alcun miglioramento, nonostante le cure dei molti medici che l'avevano condotta al lastrico e fatta peggiorare nel tempo.[82] L'emorroissa, come la donna siro-fenicia (cf. 7,24-30 e suo commento), prefigura la condizione di chi possedeva ricchezze ma che, a causa della sua condizione, aveva ben capito

---

[80] Cf. J. Mateos – F. Camacho, *Il vangelo di Marco. Analisi linguistica e commento esegetico*, vol. 1, 451.

[81] Cf. R. Pesch, *Commentario teologico del nuovo testamento. Il Vangelo di Marco*, parte I, 474-475; S. Grasso, *Vangelo di Marco. Nuova versione, introduzione e commento*, 151-152; V. Taylor, *Marco. Commento al Vangelo messianico*, 323; J. Gnilka, *Marco*, 291; l'imposizione delle mani, nella cultura giudaica, significa trasmissione di una forza o energia personale e si usava per curare o per benedire; in entrambi i casi il gesto era interpretato come comunicazione di vita. Il verbo «salvare» è stato usato una sola volta prima di questo episodio, in quello dell'uomo con il braccio atrofizzato (Mc 3,1-7), figura del popolo sottomesso all'istituzione religiosa. Di fronte alla sua deplorevole situazione, Gesù chiese ai farisei cosa fosse permesso in giorno di sabato: se «salvare una vita» o «uccidere» (Mc 3,4) e dimostrò di essere disposto a «salvare» la vita dell'uomo, anche a rischio della sua. La menzione della sinagoga (Giairo è uno dei capi della sinagoga) e l'uso del verbo «salvare» in bocca a Giairo collega i due episodi (cf. J. Mateos – F. Camacho, cit., vol. 1, 452-453).

[82] Cf. S. Grasso, *Vangelo di Marco. Nuova versione, introduzione e commento*, 152; R. Pesch, *Commentario teologico del nuovo testamento. Il Vangelo di Marco*, parte I, 477; V. Taylor, *Marco. Commento al Vangelo messianico*, 325; J. Mateos – F. Camacho, *Il vangelo di Marco. Analisi linguistica e commento esegetico*, vol. 1, 462; nelle antiche storie di guarigioni si trova spesso il giudizio sul fallimento dell'arte medica. Occorre tenere presente che solamente le persone ricche potevano ricorrere ai medici. A seguito delle consultazioni dei medici la donna si era impoverita e adesso si rivolge a Gesù. Alcune delle persone che ascoltano si saranno riconosciute in questo comportamento. Il giudizio sullo stato dei medici era molto vario nell'antichità. Andava dal massimo elogio fino all'imprecazione (cf. J. Gnilka, cit., 292).

cosa significasse quanto sarebbe stato denunciato da Gesù riguardo la preferenza delle ricchezze alla sua sequela e a ciò che Egli era venuto a proporre ad ogni uomo (cf. 10,17-22).

La donna era obbligata dalla legge a tenersi lontana dalle persone per evitare ogni contatto, perché l'emorragia era considerata condizione di impurità (cf. Lv 15,25) e di infedeltà del popolo (cf. Ez 36,17). A causa della legge mosaica la donna era impedita nella sua integrazione nella struttura socio-cultuale del popolo eletto di cui ella faceva parte. La legge le aveva impedito l'accesso alla salvezza promessa da Dio.[83]

Senza farsi notare, nascosta tra folla, la donna, che certamente aveva sentito parlare di Gesù e della sua capacità taumaturgica, contro legge e con audacia,[84] si era posta alle spalle del Maestro solamente per riuscirgli a toccare il mantello, certa di riacquistare il valore supremo per la quale aveva sperperato ogni avere: ri-instaurare la relazione con Dio nell'integrazione del popolo della promessa, impedita dalla sua impura condizione che la teneva emarginata, fuori dalla «elezione divina». La donna, come Giairo, si trovava dinanzi ad una scelta: toccare la veste di Gesù, gesto dal quale sarebbe scaturito il risanamento, l'avrebbe condannata agli occhi della legge; nel dilemma che la divideva tra la scelta della vita e il rispetto della legge, la donna aveva scelto di vivere.[85]

Contemporaneamente al tocco della veste l'emorragia si arrestò immediatamente, cosicché la donna si ritrovò in una nuova condizione opposta e in opposizione alla precedente estenuante e prolungata sofferenza, sopportata a causa delle inefficaci cure mediche. La donna avvertì immediatamente, nel suo corpo, una sensazione interna di risanamento. La fonte di sangue si seccò e, di conseguenza, cessò immediatamente la sofferenza. Nonostante però ella abbia colto gli effetti immediati del risanamento nel suo corpo, la guarigione necessitava ancora di essere autenticata dall'autorità competente (cf. Lv 12,7): da Gesù, il Maestro.[86]

La nuova ed immediata condizione della donna risanata non passò inosservata al taumaturgo appena toccato. Gesù, che non avevo notato la sofferenza dell'emorroissa attorno a Lui, sentì subito di essere stato toccato in maniera diversa da aver chiamato in causa la Sua forza divina risanatrice dell'umanità. Il tocco della donna, sebbene ancora ignara, aveva catturato l'attenzione della potenzialità della proposta relazionale che Gesù è venuto a donare all'uomo come condizione per il suo ristabilimento e salvezza definitiva.

---

[83] Cf. J. Mateos – F. Camacho, *Il vangelo di Marco. Analisi linguistica e commento esegetico*, vol. 1, 461; J. Gnilka, *Marco*, 293.
[84] Cf. J. Gnilka, *Marco*, 292; S. Grasso, *Vangelo di Marco. Nuova versione, introduzione e commento*, 152; J. Mateos – F. Camacho, *Il vangelo di Marco. Analisi linguistica e commento esegetico*, vol. 1, 462.
[85] Cf. J. Mateos – F. Camacho, *Il vangelo di Marco. Analisi linguistica e commento esegetico*, vol. 1, 464.
[86] Cf. J. Gnilka, *Marco*, 293; S. Grasso, *Vangelo di Marco. Nuova versione, introduzione e commento*, 152.

Tale attenzione necessitava di scorgere la provenienza perché la guarigione, appena iniziata, potesse giungere a compimento. Gesù, voltandosi, chiese ai presenti prossimi a lui chi lo avesse toccato; tale richiesta superò la resistente ed ottusa incomprensione dei discepoli, la disarmonia della folla e, ancor di più, la paura della donna che sapeva di aver infranto la legge di purità. Prostrata ed impaurita, ella si autodenunciò al taumaturgo come la responsabile dell'accaduto. Gesù, che l'aveva guarita senza volerlo ma non senza coscienza, dinanzi al timore di colei che si credeva in colpa per aver infranto la legge, si era mostrato come Colui che è portatore di una novità rivelatrice capace di dare il vero significato alla vita e alle relazioni che da essa scaturiscono. Rivolgendosi alla donna Gesù la guarì definitivamente con la Sua Parola: «donna, la tua fede ti ha salvato, va' in pace» (cf. 10,52).[87]

«Mentre ancora stava parlando» (5,35), nella casa del capo della sinagoga moriva la figlioletta. Vennero infatti alcuni dalla casa di Giairo per informarlo dell'accaduto, e per concludere che l'intervento del Maestro, dinanzi alla morte, era ormai inutile. Gli inviati si interposero, sfiduciati, tra la vita appena restituita alla donna e la morte della fanciulla, entrambe accomunate dal parallelo dei dodici anni: al termine della sofferenza lunga dodici anni della donna emorroissa, la vita in Dio di Israele era chiamata a credere nella risurrezione della figlioletta, la cui vita stava per ripartire proprio dai suoi dodici anni.[88] Per il popolo d'Israele era giunta l'occasione di aprirsi ad una continuità di fede in Dio la cui attuazione e comprensione necessitava porsi in discontinuità con la loro interpretazione della legge mosaica, vissuta in maniera sbagliata fino a quel momento.

La sosta con l'emorroissa, che sembrava essere stato tempo congruo che aveva causato il decesso della ragazza, e che aveva tolto a Giairo l'opportunità di vedere salvata la figlia ritrovandosi improvvisamente da solo nello sconforto irreversibile della morte, della fine di ogni cosa; era stata colta da Gesù come occasione propizia di rilancio delle aspettative dell'uomo nell'aver chiesto a Giairo di continuare ad avere fede oltre ogni limite.[89] Invito a continuare ad avere fede in Colui che non aveva dato importanza alla notizia della morte della ragazza[90] ma che, al contrario, aveva sollecitato l'uomo a non smettere di camminare e di

---

[87] Cf. S. Grasso, *Vangelo di Marco. Nuova versione, introduzione e commento*, 153; J. Mateos – F. Camacho, *Il vangelo di Marco. Analisi linguistica e commento esegetico*, vol. 1, 465-468; S. Legasse, *Marco*, Borla, Roma 2000, 286-289; J. Gnilka, *Marco*, 293-294; R. Pesch, *Commentario teologico del nuovo testamento. Il Vangelo di Marco*, parte I, 478-481.

[88] Cf. S. Legasse, *Marco*, 285; Questo conferma che entrambe le figure, anonime e senza tratti personali, indicano in qualche modo il popolo giudaico (cf. J. Mateos – F. Camacho, cit., vol. 1, 461).

[89] Cf. S. Grasso, *Vangelo di Marco. Nuova versione, introduzione e commento*, 154; R. Pesch, *Commentario teologico del nuovo testamento. Il Vangelo di Marco*, parte I, 483-484; J. Gnilka, *Marco*, 294-295;

[90] Cf. V. Taylor, *Marco. Commento al Vangelo messianico*, 331; Sebbene la notizia fosse stata portata a Giairo, è Gesù che fa finta di non averla sentita e non la tiene in alcun conto. Egli conforta il padre che sembra essere stato

lasciarsi alle spalle la forza aggregativa di quanti, dinanzi alla morte, non riuscivano a tirarsi fuori dalla confusione della folla che soffocava la speranza nell'attesa del riscatto come rinascita dall'alto (cf. Gv 3,7).

Giunti nella casa di Giairo, divenuto spazio abitato solamente dalla disperazione dei presenti,[91] Gesù non si lasciò commuovere dal grido della gente, anzi, con un'azione risolutiva animata dall'iniziativa di Chi vedeva la stessa situazione dei presenti da un punto di vista di Chi è vita, a quanti credevano nell'irreversibilità della morte, chiese ragione della loro rassegnazione incomprensibile dinanzi allo stato della ragazza interpretato dal Maestro come sonno.[92] La prospettiva interna di Gesù infatti, per la quale la morte non è condizione definitiva, lo aveva condotto ad assumere un ruolo autorevole dinanzi alla sfiducia espressa dalla disperazione dei presenti.

Per questo ritenne necessario separarsi da loro per recarsi dalla ragazza insieme ai genitori e ai soliti tre discepoli come testimoni della prossima risurrezione[93] scaturita dalla Sua potenza che si impose alla morte. Ancora una volta, come in un intervento di creazione genesiaca, la Parola di Dio aveva separato la vita dalla forza pungente e vittoriosa della morte sull'uomo per mezzo dell'autorevole Parola del Maestro: «Fanciulla, io ti dico, alzati» (5,41).

La vicenda di Giairo e dell'emorroissa sono in continuità rivelativa di Gesù Figlio di Dio; la guarigione della donna ha dato inizio ad una nuova prospettiva della storia vissuta ed interpretata all'insegna della fede che, in continuità alla vicenda di Giairo, assume la forma possibile dell'esperienza di salvezza da rendere esperibile nel «dare da mangiare» a quanti sono lontanamente separati da Dio a causa di ogni forma di morte che capeggia sulla vita di ogni uomo.[94]

Il comando di darle da mangiare, dato ai genitori della ragazza risorta, è lo stesso di quello che Gesù darà ai suoi discepoli in occasione della prima moltiplicazione dei pani (cf. 6,30-44), comando il cui significato ha voluto tradurre in stile di vita l'esperienza salvifica di Gesù Cristo

---

privato dell'ultima speranza. L'esortazione «non temere» è riservata altrove a scene di rivelazione (cf. Mc 6,50; Mt 28,5; Lc 1,13.30) il suo scopo è anche quello di preparare una scena del genere. La fede è qui atteggiamento che permette all'uomo di sperare nella disperazione, aggrappandosi alla parola di Gesù (cf. J. Gnilka cit., 294-295); per Gesù non conta la notizia che trasmettono gli inviati, ma vuole prevenire gli effetti che può avere nell'animo del capo della sinagoga. La sua raccomandazione è duplice: non cedere alla paura e continuare nel suo atteggiamento di fede-fiducia in lui (cf. J. Mateos – F. Camacho, cit., vol. 1, 476-477).

[91] Cf. S. Grasso, *Vangelo di Marco. Nuova versione, introduzione e commento*, 154; Per Gesù la confusione e il lamento funebre sono fuori luogo (cf. R. Pesch, cit., parte I, 486; J. Gnilka, cit., 295; S. Legasse, cit., 291-292).

[92] Cf. J. Gnilka, *Marco*, 295; R. Pesch, *Commentario teologico del nuovo testamento. Il Vangelo di Marco*, parte I, 486-487; J. Mateos – F. Camacho, *Il vangelo di Marco. Analisi linguistica e commento esegetico*, vol. 1, 478-480; V. Taylor, *Marco. Commento al Vangelo messianico*, 332-333.

[93] Cf. R. Pesch, *Commentario teologico del nuovo testamento. Il Vangelo di Marco*, parte I, 487.

[94] Cf. J. Mateos – F. Camacho, *Il vangelo di Marco. Analisi linguistica e commento esegetico*, vol. 1, 435-486.

fatta propria dai beneficiari che, ancora nel segreto,[95] proiettava quanti di Lui avevano già cominciato a nutrirsi verso ciò che la Sua Risurrezione ha segnato in maniera definitiva.

Il popolo di Israele doveva essere aiutato a passare dallo stato infantile a quello adulto, prefigurato dal passaggio della condizione di bisogno della fanciulla a quello della ragazza risuscitata.[96] Il «dare da mangiare» è la nuova condizione comandata da Gesù perché la sequela di Lui diventi esperienza personale di salvezza di quanti, come i genitori della ragazza, divengono discepoli per la crescita della fede autentica del popolo d'Israele.[97]

2.5 Prima moltiplicazione dei pani: per una ri-comprensione di Israele (6,30-44)

> Gli apostoli si riunirono attorno a Gesù e gli riferirono tutto quello che avevano fatto e quello che avevano insegnato. Ed egli disse loro: «Venite in disparte, voi soli, in un luogo deserto, e riposatevi un po'». Erano infatti molti quelli che andavano e venivano e non avevano neanche il tempo di mangiare. Allora andarono con la barca verso un luogo deserto, in disparte. Molti però li videro partire e capirono, e da tutte le città accorsero là a piedi e li precedettero. Sceso dalla barca, egli vide una grande folla, ebbe compassione di loro, perché erano come pecore che non hanno pastore, e si mise a insegnare loro molte cose. Essendosi ormai fatto tardi, gli si avvicinarono i suoi discepoli dicendo: «Il luogo è deserto ed è ormai tardi; congedali, in modo che, andando per le campagne e i villaggi dei dintorni, possano comprarsi da mangiare». Ma egli rispose loro: «Voi stessi date loro da mangiare». Gli dissero: «Dobbiamo andare a comprare duecento denari di pane e dare loro da mangiare?». Ma egli disse loro: «Quanti pani

---

[95] Nell'ordine di tacere che viene dato, vi si riconosce il modo di procedere di Marco che ritarda una pubblicità che avrà pienamente la sua ragion d'essere solo quando sarà completato tutto il cammino intrapreso da Gesù, Passione compresa (cf. S. Legasse, cit., 294); il fatto che Gesù ordini di tacere agli astanti può riferirsi soltanto alla diffusione del mistero della risurrezione dei morti e a una prassi misteriosa del taumaturgo. Marco, che abbiamo visto essere il redattore del divieto di spargere la notizia, blocca quindi un'unilaterale comprensione del miracolo (cf. J. Gnilka, cit., 296-297); il «segreto messianico» rappresenta un'intenzione di Gesù. Nell'episodio presente possiamo pensare che egli abbia cercato per un certo periodo almeno di evitare l'imbarazzo della pubblicità. Se Gesù avesse interpretato il fatto diversamente dagli spettatori, ci sarebbe stata una ragione in più per non divulgare la notizia (cf. V. Taylor, cit., 336); secondo la prospettiva teologica marciana, Gesù ordina il silenzio circa l'avvenimento. L'azione di risurrezione della ragazza può suscitare un'impressione completamente sbagliata dell'identità di Gesù, mentre può essere intesa in maniera corretta soltanto dopo gli eventi della sua passione, morte e risurrezione (cf. S. Grasso, cit., 155).

[96] Gesù, nel rivolgersi alla figlia di Giairo stesa sul letto di morte, non usa più il termine «fanciulla», la chiama «ragazza», cioè giovinetta di marito, designazione che annuncia vita e fecondità. Questo termine indica una giovane nubile, pronta per il matrimonio (Est 2,2.7; Tb 6,12) e che, quindi, si renderà indipendente dai suoi genitori. Il termine «fanciulla» fa riferimento ad una condizione presente; il termine «ragazza» fa riferimento ad una condizione futura con la quale Mc indica che l'azione di Gesù libera dalla dipendenza e dalla tutela dei dirigenti gli israeliti che, tramite essa, sono stati tenuti sempre come minori. Questa è un'apertura verso un nuovo orizzonte di vita autonoma e feconda (cf. J. Mateos – F. Camacho, cit., vol. 1, 482-483).

[97] Cf. J. Mateos – F. Camacho, *Il vangelo di Marco. Analisi linguistica e commento esegetico*, vol. 1, 485-486.

avete? Andate a vedere». Si informarono e dissero: «Cinque, e due pesci». E ordinò loro di farli sedere tutti, a gruppi, sull'erba verde. E sedettero, a gruppi di cento e di cinquanta. Prese i cinque pani e i due pesci, alzò gli occhi al cielo, recitò la benedizione, spezzò i pani e li dava ai suoi discepoli perché li distribuissero a loro; e divise i due pesci fra tutti. Tutti mangiarono a sazietà, e dei pezzi di pane portarono via dodici ceste piene e quanto restava dei pesci. Quelli che avevano mangiato i pani erano cinquemila uomini.

Gli apostoli erano tornati dalla missione affidatagli da Gesù e sentirono la necessità, mista alla gioia, di raccontare al Maestro l'esperienza appena conclusasi per condividerla con Lui e per essere confermati nell'aver agito secondo la sua intenzione. L'evangelista sottolinea che tutto ciò che gli apostoli hanno fatto ed insegnato corrisponde pienamente all'incarico ricevuto da Gesù, tanto da unirli alla volontà del Maestro[98].

Questa è l'unica volta che nel vangelo di Marco i dodici vengono chiamati *apostolos* per dare risalto, probabilmente, all'importanza dell'incarico assunto da coloro che hanno affiancato Gesù nel loro essere inviati per la missione.[99] Gli Apostoli, nel loro essere inviati, avevano fatto esperienza del Maestro, di ciò che Lui è e significa con il suo essere venuto per stare in mezzo alla gente. Il parlare di Lui e l'agire nel Suo nome aveva fatto sperimentare a coloro che erano stati inviati la potenza salvifica del Maestro a vantaggio di ogni uomo. Era però necessario il confronto tra gli inviati e Gesù per suggellare nel racconto, attorno alla consumazione del pasto nella convivialità, la continuità esperienziale tra la persona del Maestro e la Sua Parola in coloro che avevano deciso di affiancarlo. Ma a causa dell'afflusso dei «molti che andavano e venivano» non era stato possibile.

Raccontare l'esito della missione era necessario per il riconoscimento di Gesù nell'operato di coloro che, mandati per la missione, si erano fidati della Sua Parola: gli inviati avevano agito in obbedienza alla Parola del Maestro che li aveva inviati. L'evangelista associa tale momento all'impossibilità di poter consumare un pasto nella convivialità, a causa della folla che andava e veniva impedendo loro di mangiare.

Lì dove non è possibile mangiare, non è possibile nemmeno commutare l'esperienza degli inviati conclusasi nella Parola del Maestro che invia; gli Apostoli erano quindi impediti di riconoscerlo nel suo rivelarsi. Per l'evangelista Marco solamente nella convivialità del pasto è possibile rendere esperibile la forza salvifica che è propria della Parola del Signore Gesù.

---

[98] Cf. R. Pesch, *Commentario teologico del nuovo testamento. Il Vangelo di Marco*, parte I, 538.
[99] Cf. S. Grasso, *Vangelo di Marco. Nuova versione, introduzione e commento*, 185.

Era stato necessario allontanarsi in barca, in un luogo solitario, perché si sia potuto esaudire il primo motivo per la quale il Signore ha costituito i dodici: stare con Lui.[100] Ma la folla (i molti) era riuscita ad anticipare la barca del Maestro e dei suoi Apostoli nel precederli lì dove stavano per recarsi per riposarsi nella convivialità del mangiare insieme. Questo certamente permette di collegare quanto accaduto con quanto stava per accadere con la prima moltiplicazione dei pani. Gli Apostoli, appena tornati dalla missione loro affidata, non avendo ancora avuto l'opportunità di riposarsi con il Maestro, erano ancora incapaci di comprenderlo alla stessa maniera dell'episodio che li hanno visti spiazzati dinanzi alla capacità di Gesù di sedare la tempesta (cf. 6, 45-52). Gli Apostoli non erano stati capaci di comprendere il Maestro nell'episodio della prima moltiplicazione dei pani, cioè non erano stati capaci di anticiparlo in barca all'altra riva nella vicenda della tempesta sedata a differenza dei «molti» che riuscirono a precederlo nel luogo dove stava (in senso teologico) per dirigersi.

Ancora una volta si ritrovarono in barca nella speranza di ritirarsi in un luogo solamente loro per riposarsi con il Maestro. I «molti», invece, sono coloro che inspiegabilmente furono capaci di precederli nel luogo dove stavano per sopraggiungere Gesù e i suoi. La loro insistente ricerca del Signore sarebbe divenuta occasione per evidenziare la resistenza degli Apostoli nella comprensione del Maestro, nonostante la buona riuscita della missione.[101] La narrazione del tentato resoconto della missione e della prima moltiplicazione dei pani si sviluppa tra un andare e venire da una sponda all'altra, con il Maestro e i suoi Apostoli per ben tre volte sulla barca: la prima e la terza volta il Maestro è estraneo a quanto stava succedendo (la prima volta dormiva, la terza volta stava raggiungendo i suoi camminando sulle acque); la seconda volta il Maestro è con i suoi che si dirigevano verso un luogo dove i «molti» avevano saputo precederli, quasi a voler sottolineare il riconoscimento di Colui la cui Parola esprime ciò che egli è a vantaggio di quanti vogliono lasciarsi raggiungere da Lui.

La compassione del Maestro nei confronti dei «molti» che lo avevano preceduto nel luogo dove giunsero come «pecore senza pastore», si contrappose in maniera forte all'invito dei suoi di congedare la folla perché provvedessero di procurarsi da mangiare, da soli. Si apre così una doppia prospettiva, quella di mangiare con o senza il Maestro: un conto era mangiare insieme al Maestro e alla sua Parola; un conto era congedare i molti perché autonomamente avessero ricercato da mangiare. La possibilità di mangiare con Gesù diviene luogo teologico per la Sua rivelazione che doveva poter divenire mandato per quanti di Lui ne avevano fatto esperienza.

[100] Cf. *ib.*, 186.
[101] Cf. J. Gnilka, *Marco*, 355.

Gli Apostoli, a seguito della missione, avevano già fatto esperienza del Signore senza però averne ancora consapevolezza.

I «molti» presentarono la triste realtà di coloro che necessitavano di aver colmato un vuoto che i leader giudaici non sono stati capaci di colmare.[102] La compassione di Gesù (*splagknizomai*) lo indisse a colmare tale vuoto con il suo insegnamento che, senza che ne venga menzionato il contenuto da parte dell'evangelista, si lascia intendere equivalente alla moltiplicazione dei pani e dei pesci capace di sfamare/colmare il bisogno di quanti vogliono nutrirsi della Parola del Maestro che parla. La connessione tra Gesù e i «molti» bisognosi avviene attraverso l'ironica risposta degli Apostoli i quali, dinanzi al poco cibo non bastevole neppure per loro,[103] manifestarono la loro poca fede che divenne occasione per il Maestro di mostrarsi come Colui la cui Parola è cibo di vita. La piccola quantità dei pani e dei pesci, appena cinque e due rispettivamente, contrappose la grandezza del miracolo che il Maestro stava per compiere a vantaggio della pochezza dell'uomo che alimentava la Sua compassione.[104] Solamente chi del Maestro aveva fatto esperienza potè ricevere il mandato imperante di dare da mangiare nel Suo nome, come già accaduto dinanzi alla risurrezione della fanciulla alzatasi dal sonno della morte (cf. 5, 39-43). Si tratta della trasmissione della fede da parte di chi ha fatto esperienza della forza salvifica che è propria della Parola del Maestro.

Gesù ordinò dunque ai suoi discepoli di far sedere la gente a gruppi di commensali di cinquanta e di cento, spiazzando le attese dei suoi i quali erano stati incaricati di dar loro da mangiare un cibo che scaturito dalla buona riuscita della missione senza però averne ancora consapevolezza. L'ordine impartito da Gesù probabilmente richiama alla memoria del lettore coloro che erano stati scelti da Mosè come testa del popolo per giudicare gli affari minori (cf. Es 18, 25-26). Gesù allora è colui che ha scelto i «molti» come coloro che, a partire dall'esperienza che stavano per fare, sarebbero divenuti i nuovi giudici del popolo della nuova Alleanza i quali, da quel momento in poi, non avrebbero giudicato per sentito dire ma secondo giustizia i miseri (cf. Is 11, 3); la profezia di Isaia trova forse pieno compimento nella persona di Gesù il quale, dalla Sua Parola, rende partecipe quanti fanno esperienza di sé nel cibarsi della Sua Parola che diventa Pane spezzato. Egli stesso si fece Pastore del nuovo gregge che lascia riposare le proprie pecore su pascoli verdi (cf. Sal 23, 2). Egli stesso è Colui che genera l'uomo nuovo, posto nuovamente in un giardino solitario, senza alberi da frutto necessari per cibare il vecchio uomo creato e posto nel giardino da Dio. Adesso, nel nuovo giardino, Egli stesso è cibo

[102] Cf. S. Grasso, *Vangelo di Marco. Nuova versione, introduzione e commento*, 186.

[103] Cf. J. Gnilka, *Marco*, 356.

[104] Cf. R. Pesch, *Commentario teologico del nuovo testamento. Il Vangelo di Marco*, parte I, 547.

per l'uomo nuovo chiamato a nutrirsi della Parola che diventa Pane capace di sfamare tutti, e di eccedere con la pienezza e la grandezza della ricchezza della Sua Persona che si esaurisce nella Sua Parola donata.

Certamente, la prima moltiplicazione dei pani, diviene preludio dell'ultima cena nella quale i suoi riceveranno ulteriormente il comando di fare ciò che il Maestro aveva fatto per «i molti».

2.6 Cosa è veramente impuro? (7,1-13)

Si riunirono attorno a lui i farisei e alcuni degli scribi, venuti da Gerusalemme. Avendo visto che alcuni dei suoi discepoli prendevano cibo con mani impure, cioè non lavate, quei farisei e scribi lo interrogarono: «Perché i tuoi discepoli non si comportano secondo la tradizione degli antichi, ma prendono cibo con mani impure?». Ed egli rispose loro: «Bene ha profetato Isaia di voi, ipocriti, come sta scritto: Questo popolo mi onora con le labbra, ma il suo cuore è lontano da me. Invano mi rendono culto Siete veramente abili nel rifiutare il comandamento di Dio per osservare la vostra tradizione. Mosé infatti disse: Onora tuo padre e tua madre, e: Chi maledice il padre o la madre sia messo a morte. Voi invece dite: "Se uno dichiara, insegnando dottrine che sono precetti di uomini. Trascurando il comandamento di Dio, voi osservate la tradizione degli uomini». E diceva loro: «al padre o alla madre: Ciò con cui dovrei aiutarti è korbàn, cioè offerta a Dio", non gli consentite di fare più nulla per il padre o la madre. Così annullate la parola di Dio con la tradizione che avete tramandato voi. E di cose simili ne fate molte».

La pericope è inserita nella «sezione dei pani», successivamente alla prima moltiplicazione dei pani e all'episodio che vede Gesù camminare sulle acque nell'andare incontro ai suoi che, sulla barca, erano affaticati nel remare. È seguita dall'insegnamento sul puro e impuro alle folle e ai suoi,[105] dalla guarigione della figlioletta della donna pagana, dalla seconda moltiplicazione dei pani e dalla guarigione di un cieco. A definire i limiti della pericope sono i personaggi che appaiono in essa, i farisei e gli scribi venuti da Gerusalemme i quali, dopo la disputa,

[105] La parte che segue la controversia è un insegnamento diretto al popolo (alla folla) che, successivamente nella casa spiegherà anche ai suoi discepoli incapaci di comprendere, per mezzo della parola chiave «impuro». Gesù coglie l'occasione, a partire dalla controversia con farisei e scribi, per dare un insegnamento sulla vera impurità (cf. J. Gnilka, cit., 382-383). Tali affermazioni assumono un tono differente dal passare dalla polemica contro i maestri del giudaismo all'istruzione pacata ai discepoli, sebbene quest'ultimi non siano esenti dal rimprovero per la mancanza di intelletto. Nonostante tale diversità, la questione sul puro e impuro, è unificato dallo stesso vocabolo *Koinos* ai vv. 2 e 5, e *Koinoiun* ai vv. 15, 18, 20, 23 (cf. S. Legasse, cit., 359-360).

scompaiono. Gesù continua l'insegnamento rivolgendosi ai suoi e alla folla che lo seguiva, probabilmente dal luogo dov'era avvenuta la prima moltiplicazione dei pani.

Nella sua struttura, la pericope presenta l'esposizione della controversia da parte dei farisei e scribi nella quale Gesù è accusato di permettere ai suoi discepoli di non rispettare la tradizione degli antenati. Immediata è la risposta del Maestro che giunse al nodo centrale del problema col ribattere ai suoi avversari di annullare il comandamento di Dio in nome di una tradizione di uomini, giustificando dunque il modo di fare dei suoi discepoli.[106]

Non viene precisato né il tempo né il luogo in cui la vicenda di controversia si sviluppa, senza che ci sia alcun legame apparente con quanto precede. L'arrivo della delegazione dei farisei e degli scribi da Gerusalemme ha dato inizio ad una vera e propria inquisizione nei confronti di Gesù da parte degli interpreti autorevoli della Parola di Dio. Gli scribi di Gerusalemme, probabilmente chiamati in aiuto dai farisei della Galilea, dovevano esercitare tutta la loro autorità di ispettori. Tutto il giudaismo, nelle sue diverse espressioni, si sente chiamato in causa nel prendere immediatamente posizione nei confronti di Gesù.[107]

La pericope è introdotta dalla congiunzione *Kai* (e) per collegarla con quanto precede, il racconto della prima moltiplicazione dei pani, reso ancor più esplicita dalla citazione «dei pani» (cf. 7,2). Segue lo sviluppo della controversia con i farisei e gli scribi, i quali si «congregarono»[108] attorno a Gesù. Immediata è stata la reazione del giudaismo che temeva di perdere il controllo e la giurisdizione su Israele, a tal punto da non riuscire e a non volere neppure provare a capire ciò che era appena accaduto tra l'inquisito Gesù e la folla che lo ascoltava, attorno alla questione «dei pani» appena moltiplicati.

La questione della purità si presenta nel momento in cui alcuni dei discepoli avevano mangiato con mani «profane»[109] i pani che Gesù aveva moltiplicato.

---

[106] Cf. R. Pesch, *Commentario teologico del nuovo testamento. Il Vangelo di Marco*, parte I, 574; J. Mateos – F. Camacho, vol. II, 119.

[107] Cf. S. Grasso, *Vangelo di Marco. Nuova versione, introduzione e commento* 193; J. Gnilka, *Marco*, 383; J. Mateos – F. Camacho, *Il vangelo di Marco. Analisi linguistica e commento esegetico*, vol. 2, Cittadella editrice, Milano 2012, 120. V. Taylor, *Marco. Commento al Vangelo messianico*, 382; R. Pesch, *Commentario teologico del nuovo testamento. Il Vangelo di Marco*, parte I, 575.

[108] Il verbo «congregarsi», utilizzato al presente storico (letteralmente «si congregano»), indica, come in precedenti occasioni nello stesso vangelo di Marco (2,2; 4,1; 5,21; 6,30), che coloro che si avvicinano a Gesù professano l'ideologia del giudaismo vissuta con rigore in ambito sinagogale. L'utilizzo del verbo al presente, probabilmente, vuole indicare che la questione era viva al tempo dell'evangelista (cf. J. Mateos – F. Camacho, cit., vol 2, 120).

[109] *Koinais*, il cui significato è comune, ordinario, in epoca ellenistica, sotto l'influsso della mentalità farisaica che esagerava certe pratiche di purità ritualistica, molte delle cose ordinarie, comuni, erano considerate impure perché ritenute occasioni di peccato. Nell'ambiente giudaico anche lo stesso vocabolo subì questa trasformazione semantica e assunse il significato di impuro, contaminato, analogamente al verbo *koino* (cf. A. Belano, cit., 490). L'aggettivo, il cui significato fondamentale è comune, non viene mai usato nei LXX con lo sfondo ebraico nel senso rituale di impuro; ancor meno nel senso di profano, cioè sottratto al campo del sacro, nel cui caso si ha in

Per la seconda volta, farisei e scribi venuti da Gerusalemme, provenienti dal centro dell'istituzione giudaica,[110] sono immediatamente presenti nel momento in cui il contestato leader religioso aveva permesso la trasgressione della legge di purità da parte di alcuni (e non tutti) dei suoi discepoli.[111] La contemporanea presenza del giudaismo nel momento della trasgressione mette in risalto la fatica del passaggio dal vecchio al nuovo. Si tratta della difficoltà di accogliere la novità della rivelazione di Gesù, ostacolata dall'incapacità di volersi aprire all'evidenza della sua Signoria, mostrata in mezzo al popolo di Israele, con la prima moltiplicazione dei pani.

La perdita di significato della ritualità da parte di alcuni discepoli è manifestazione dell'avvenuto passaggio alla novità rivelativa apportata dal loro Maestro. Il fatto che solo alcuni dei discepoli avevano trasgredito la legge palesa l'imponenza di Gesù che aveva squarciato comunque la quiete della volontà di non volere comprendere Dio da parte del giudaismo istituzionalizzato di farisei e scribi, provenienti dalla centralità di Gerusalemme. Si tratta dell'imponenza della Sua Parola che diviene pane moltiplicato che raduna, nella gioia della convivialità, quanti erano smarriti come pecore senza pastore (cf. 6, 34).

A differenza di quanto viene raccontato nei paralleli dal vangelo di Matteo e di Luca, l'evangelista Marco, nel raccontare la controversia relativa alla prima moltiplicazione dei pani, si riferisce ai pani presi e mangiati con mani impure. Gli evangelisti Matteo e Luca, facendo riferimento al cibo (al pane) preso e mangiato con mani impure, lo fanno al singolare. Per l'evangelista Marco i pani divengono pane nella disputa tra Gesù e i suoi accusatori. Un passaggio dal plurale al singolare riguardo al cibo mangiato in maniera profana. Si tratta di un riferimento alla precedente moltiplicazione dei pani, all'episodio che ha visto Gesù sfamare una grande folla di cinquemila soli uomini, con la sua Parola divenuta pane moltiplicato. Situazione ripresa nella logica della rivelazione/comprensione del Maestro.

---

ebraico *hol*, tradotto in greco con *bebèlos*. In compenso, gli scritti del giudaismo antico testimoniano una evoluzione in cui *koinos* e il verbo *koinoun* arrivano a esprimere l'impurità levitica (cf. S. Legasse, cit., 360).

[110] Cf. J. Mateos – F. Camacho, *Il vangelo di Marco. Analisi linguistica e commento esegetico*, vol. 2, 120.

[111] L'evangelista Marco estende a tutti i giudei una serie di pratiche di purificazione appartenenti solamente alla pietà farisaica che, per quanto sia difficile stabilire una ben precisa chiarezza, furono estese anche ai non farisei come ideali da seguire che estendeva anche alla vita laica i rituali di purificazione che riguardavano solo i sacerdoti che officiavano al tempio. Si tratta di persone che non erano rabbini ordinati, anche se la *Mishna* li designa con il titolo di *zaqénim*, né si trattava degli eredi di Giosuè, ma di anelli della tradizione rabbinica e farisaica della legge orale, successivamente codificata nella *Mishna* e chiamata in altri testi, con termini equivalenti, «tradizione dei padri» o «legge dei padri» (cf. S. Legasse, cit., 360-361). Questi precetti facevano parte della *paradosis*, della tradizione degli anziani, quindi non della *Torah* scritta, ma della tradizione orale dell'*halakah*, della spiegazione orale della legge, da parte dei padri, circa il comportamento e la sua attuazione pratica come valenza teologica per colmare le lacune della legge stessa per quanto concerne l'attuazione della Parola di Dio (cf. S. Grasso, cit., 193-194).

La questione della tradizione infranta con l'istituzione giudaica, aveva suscitato in Gesù una reazione tale da aver fatto notare a coloro che lo avevano accusato, della deriva dal comandamento di Dio, dalla Parola di Dio, di cui Egli stesso ne è la personificazione. Ne è testimonianza la sua risposta sulla questione del pane (cf. 7, 5), non più al plurale, come a voler dire che quanto era accaduto aveva permesso la partecipazione alla vita di Dio di quanti si erano sfamati della sua Parola divenuta, anticipatamente e proletticamente, pane.

Tale comprensione da parte delle autorità della legge era resa ancor più difficoltosa dal fatto che l'ambiente religioso dei farisei, sadducei e scribi, in conformità alla tradizione degli antichi da cui scaturì un'interpretazione della tradizione che le conferì autorità al pari della legge, protendevano per un coinvolgimento delle loro usanze da parte del popolo il quale, invece, tendeva ad essere distaccato da ciò che non gli apparteneva direttamente.[112]

In questo contesto, nella condizione non congeniale per poter officiare i riti di purificazione (cinquemila uomini in una zona di aperta campagna), la convivialità proposta da Gesù nella condivisione del pane moltiplicato, quale nuova e certa condizione di compartecipazione alla vita divina da parte di quanti volevano ascoltarlo, era stata ostacolata dalla contrapposizione della logica dell'esclusione propria della centralità gerosolomitana di farisei e scribi, i quali non potevano permettere la promiscuità tra sacro e profano perché il contrario avrebbe inteso dire ignorare la volontà di Dio che si manifesta nella tradizione degli antenati.[113] Pertanto, i capi religiosi avevano rivolto a Gesù l'interrogativo, come oggetto di denuncia, accusandolo di condurre una vita che non era consona a quella di un pio israelita e che, di conseguenza, era motivo di disarmonia tra quanti lo seguivano e la legge a cui erano soggetti.[114] Scribi e farisei,

---

[112] Cf. J. Gnilka, *Marco*, 386-387; la pratica di purificazione descritta al v. 3 poteva riguardare sacerdoti che avevano raggiunto il rango di farisei, e non giudei laici. Si tratterebbe quindi di un'adozione delle leggi rigose di purificazione da parte di chi si era elevato di rango, col fare proprie le leggi istituite dai rabbini per salvaguardare la purezza levitica dei sacerdoti. Tale osservanza, sebbene non apparteneva ai laici, tuttavia poteva trovare rigorosa attuazione anche da parte di giudei particolarmente pii. Certamente la possibilità dell'osservanza delle leggi di purificazione da parte di laici era possibile perché si trattava di pratiche che avevano messo radici nelle coscienze e nella condotta della gente più pia, specialmente tra i giudei della diaspora dove venivano messe in pratica usanze sconosciute in Palestina (cf. V. Taylor, cit., 385-386).

[113] Per i farisei non c'era differenza tra un precetto della Legge e una prescrizione della tradizione. Di fatto l'opinione corrente tra di essi affermava che le tradizioni orali erano state rivelate da Dio a Mosè sul Sinai, come interpretazioni della legge scritta; erano state trasmesse, insieme alla Legge, prima a Giosuè e ai capi successivi; successivamente, da uno scriba ad un altro, divenendone essi stessi i depositari. Gli autori, riferendosi in una loro nota nella stessa pagina citata a Bonsirven (*Textes rabbinique*), fanno notare che alla fine del I sec. d.c., per i giudei la Scrittura, la *Mishna*, il *Midrash*, gli Halakot e gli Haggadot avevano tutti lo stesso valore ed erano ugualmente vincolanti, forse perché gli scribi, considerandosi successori dei profeti, si arrogavano il diritto di sospendere, interpretare e abolire la Legge scritta. Anche a Qumran, insieme con la Legge di Mosè, c'erano tradizioni sacerdotali-sadducee che il candidato doveva promettere di seguire (1 QS 5,8s; IQSa 1,1ss) (cf. J. Mateos – F. Camacho, cit., vol. 2, 124).

[114] L'utilizzo del verbo *peripateo* (camminare) è usato proprio per indicare una condotta di vita che, figurativamente, è rappresentata da un verbo di movimento (cf. V. Taylor, cit. 384; S. Grasso, cit. 194)

da un loro fatto di principio, avevano permesso a Gesù di elevare a questione teologica il perché alcuni dei suoi discepoli avevano mangiato il pane con mani impure, profane.

L'interrogativo è posto a Gesù: a Colui che durante la peregrinazione con i suoi, aveva già reso puro un lebbroso con il suo tatto, mentre sfuggiva dai tanti che lo cercavano per i segni che compiva.[115] Si tratta dunque di un contatto, come prolungamento della sua Parola, che rende pura la condizione del lebbroso nella reintegrazione della sua umanità. Nel contesto di convivialità attorno al pane preso e mangiato, questo stesso contatto è possibilità di reidentificazione del popolo di Israele nella Parola di Dio, divenuta pane.

L'errata interpretazione della legge di Dio, da parte delle autorità del tempo, era esclusiva ed escludente. A quelle condizioni, la forza dell'amore della Parola, che abbatte ogni tipo di barriera in chi vuole camminare nella via della salvezza, era vincolata dallo iato dell'agire delle autorità il cui culto era solamente esteriore, vuoto e formale, e strumentalizzava la volontà di Dio nel mutarla in una volontà puramente umana.[116]

La polemica da parte degli accusatori era anche espressione di una aperta opposizione a quanto sarebbe dovuto accadere negli ultimi tempi, con la comparsa nel mondo giudaico di falsi dottori che avrebbero insegnato comandamenti contrari a quelli di Dio. Situazione inaccettabile da parte dell'autorevole classe religiosa poiché solamente loro possedevano la conoscenza della legge di Dio, e solamente a loro spettava la salvaguardia che ne garantiva la santità del popolo scelto. Ma da Gesù furono accusati di ipocrisia perché alle loro pratiche esteriori non corrispondeva l'obbedienza del cuore.[117]

Davvero Gesù è la fine, unico dottore della legge, la cui presenza svela il significato originario della Parola donata. La Sua risposta, che ha portato a compimento una profezia di Isaia, è Parola di Dio. Egli stesso è Parola che ha evidenziato la totale dissociazione del cuore dalla volontà del Padre di chi lo accusava. Una discrepanza dal rapporto con Dio, in perfetta linea con la denuncia di Isaia e di tutta la tradizione profetica, vissuta e professata dal popolo che aderiva agli insegnamenti delle autorità religiose, credendo di essere adoratori di Dio, a vantaggio di un costante rafforzamento del potere umano nel culto professato con le labbra senza alcuna adesione del cuore.[118] Non si trattava quindi di una tradizione degli antenati quanto piuttosto di una tradizione di uomini.

---

[115] Cf. J. Mateos – F. Camacho, *Il vangelo di Marco. Analisi linguistica e commento esegetico*, vol. 2, 127.

[116] Cf. S. Grasso, *Vangelo di Marco. Nuova versione, introduzione e commento*, 194.

[117] Cf. S. Legasse, *Marco*, 364-365.

[118] Cf. J. Gnilka, *Marco*, 388; S. Grasso, *Vangelo di Marco. Nuova versione, introduzione e commento*, 194; J. Mateos – F. Camacho, *Il vangelo di Marco. Analisi linguistica e commento esegetico*, vol. 2, 129; S. Legasse,

La denuncia di Gesù ha comportato un ribaltamento al pensiero delle autorità del tempo, del giudaismo apocalittico, nel rimandarli agli ordinamenti umani che si erano sostituiti ai comandamenti di Dio, caratteristica propria del tempo finale. Gesù, nel considerare le autorità ipocrite,[119] aveva posto in atto la fine apocalittica attesa con l'aver messo in evidenza che la credenza umana delle autorità aveva preso il posto dell'obbedienza al comandamento di Dio. Una totale dissociazione dalla volontà del Padre a cui era seguita una forte reazione di Gesù nell'aver preso le distanze da quanti, nel tempo, avevano permesso una tale deriva dal comandamento di Dio in favore di ciò che Gesù stesso aveva definito «vostra tradizione» (cf. 7, 9), equiparando così Israele al resto dell'umanità.[120]

La questione era diventata ulteriormente chiara ed inequivocabile per le autorità religiose, accusatori/accusati, dal momento in cui Gesù aveva loro citato il caso del *Korban*:[121] la prova certa della distanza che sussiste tra le pratiche cultuali di farisei e scribi e il comandamento di Dio, tra la loro tradizione (di uomini) e l'uniformarsi (da uomini) alla legge di Dio. La prassi del *Korban* aveva creato nei figli di Israele un ostacolo così difficile da riconoscerlo come tale da non sentirne il peso della gravità, la cui trasgressione prevedeva anche la pena di morte.[122] Alla trasgressione del comandamento di Dio segue la perdita di speranza in chi si ritrovava ad avere relazioni con i trasgressori.[123] La legge di Dio è stata donata all'uomo perché nella

---

Marco, 366; V. Taylor, *Marco. Commento al Vangelo messianico*, 384; R. Pesch, *Commentario teologico del nuovo testamento. Il Vangelo di Marco*, parte I, 378-379.

[119] *Ipokriton*, da *Ipokrites*, è un *hapax* marciano. Termine proveniente dalla letteratura greca che in origine designava il risponditore, ossia l'attore che nelle tragedie risponde al coro con l'aiuto di maschera e travestimento. Poiché l'attore interpreta la parte di un altro, esagerando e simulando, in epoca ellenistica il termine è passato a indicare chi finge, ossia commediante, simulatore (cf. A. Belano, cit., 500). Lo stesso sostantivo, proviene da *hānēf*, l'empio, che con le sue azioni si è allontanato da Dio. È il senzadio che non osserva la legge di *Jahvé*. Poiché egli sostiene di essere giusto e veracemente timorato di Dio, pur praticando sotto questo velo l'empietà, egli è ipocrita. Ammettendo che si sia avuta una traduzione, come fa pensare il fatto che la citazione (di Is 29,13) si distacca sia dal testo masoretico sia dai LXX, pur avvicinandosi maggiormente ad essi, si può ipotizzare il seguente sviluppo. Gesù chiama empi i suoi avversari e ne attesta l'empietà nei confronti di Dio e della legge interpretando come profezia il brano di Is. 29,13, ove, secondo il testo masoretico, si rigetta il culto divino del popolo poiché esso avviene secondo regole inventate dagli uomini. Il culto viene tributato a Dio solo con le parole e con le labbra, non con il cuore. In realtà, come precisato nel v. 8 sottolineando il contrasto con la loro empietà, esso non avviene secondo il comandamento divino, bensì secondo la tradizione umana, vale a dire non avviene affatto (cf. R. Pesch, cit., 579).

[120] Cf. J. Mateos – F. Camacho, *Il vangelo di Marco. Analisi linguistica e commento esegetico*, vol. 2, 130.

[121] *Korban* anch'esso un *hapax* neotestamentario. Traslitterazione grecizzata dall'ebraico, *qorbān*, che significa offerta fatta a Dio, nel linguaggio religioso giudaico era una formula di consacrazione rivolta a Dio in virtù della quale determinati oggetti o proprietà erano sottratti agli usi profani, sotto pena di sacrilegio. Nel caso riportato da Gesù i farisei e gli scribi giungevano al punto di consacrare a Dio ciò che avrebbero dovuto dare ai loro genitori. In forza della legge, tutto ciò che era oggetto di voto non poteva essere toccato, cosicché essi con la parvenza della religiosità si tenevano il frutto dell'offerta, mentre i genitori languivano nelle ristrettezze (cf. A. Belano, cit., 508).

[122] Cf. J. Gnilka, *Marco*, 389; S. Grasso, *Vangelo di Marco. Nuova versione, introduzione e commento*, 194; J. Mateos – F. Camacho, *Il vangelo di Marco. Analisi linguistica e commento esegetico*, vol. 2, 131.

[123] Cf. V. Taylor, *Marco. Commento al Vangelo messianico*, 390.

condivisione della propria vita, svuotata gradualmente da una visione egoistica ed autocentrata della propria esistenza, egli possa sperimentare ciò che la legge stessa nasconde in sé.

L'agire di Gesù, nel rivelarsi come Parola di Dio donata e divenuta pane spezzato e condiviso, era dettato dalla volontà di ripristinare il legame originario sussistente tra la Parola e l'uomo creato dalla Parola stessa. Quanto sperimentato da alcuni dei suoi discepoli, nel mangiare il pane con mani profane, era stato l'effetto immediato della condizione originaria ripristinata tra Dio e l'uomo, nella convivialità del momento, quale possibilità di una nuova via da seguire come condizione finale di salvezza nella nuova ed eterna alleanza che il Figlio di Dio è venuto a suggellare.

2.7 La fede di chi sa sfamarsi delle briciole (7,24-30)

> Partito di là, andò nella regione di Tiro. Entrato in una casa, non voleva che alcuno lo sapesse, ma non poté restare nascosto. Una donna, la cui figlioletta era posseduta da uno spirito impuro, appena seppe di lui, andò e si gettò ai suoi piedi. Questa donna era di lingua greca e di origine siro-fenicia. Ella lo supplicava di scacciare il demonio da sua figlia. Ed egli le rispondeva: «Lascia prima che si sazino i figli, perché non è bene prendere il pane dei figli e gettarlo ai cagnolini». Ma lei gli replicò: «Signore, anche i cagnolini sotto la tavola mangiano le briciole dei figli». Allora le disse: «Per questa tua parola, va': il demonio è uscito da tua figlia». Tornata a casa sua, trovò la bambina coricata sul letto e il demonio se n'era andato.

Anch'essa inserita nella sezione dei pani per l'utilizzo del termine *artos* (pane) e del verbo *chortazein* (saziare),[124] la pericope è costituita da un unico blocco che descrive il colloquio tra Gesù ed una donna greca la quale, prostrandosi a Lui, ha chiesto la liberazione della figlia posseduta da uno spirito immondo.

Il cambio di luogo di Gesù prima (lascia il luogo della prima moltiplicazione) e il suo ritorno nel mare di Galilea dopo, passando per Sidone, determinano la delimitazione del brano in esame. Affrontata la questione di ciò che rende l'uomo impuro, la narrazione continua con il passaggio di Gesù in terra pagana e l'ammissione dei suoi abitanti nella condivisione del «pane dei figli». Si tratta dell'inclusione al regno di Dio di coloro che erano considerati impuri per condizione sociale e per stato di vita, preparando il lettore alla seconda moltiplicazione dei pani. Una prima inclusione si è avuta con la precedente guarigione del geraseno posseduto da uno

---

[124] Cf. S. Legasse, *Marco*, 374; S. Grasso, *Vangelo di Marco. Nuova versione, introduzione e commento*, 199.

spirito immondo (cf. 5, 2-13). I due episodi mettono in relazione le guarigioni operate da Gesù, quella dell'uomo di Gerasa e quella della figlia della donna greca, miracoli avvenuti in terra pagana lì dove le usanze ebraiche proibivano al popolo eletto di entrarvi. Entrambi i racconti non menzionano i discepoli.[125]

Nonostante il parallelo tra i due personaggi lo sconfinamento della salvezza operata da Gesù, durante la sua peregrinante missione, dovrà attendere il faccia a faccia con la donna greca. La sua supplica, infatti, introdurrà la terra pagana e i suoi abitanti nell'itinerario missionario di salvezza del Figlio di Dio.

L'aver negato al geraseno indemoniato e guarito di poterlo seguire, è prova dell'attuazione di un progetto di salvezza da parte di Gesù con una ben determinata logica, il cui progressivo sviluppo terminerà con l'evento di Pasqua. Ma gli effetti della partecipazione alla salvezza potevano essere già raccontati, perché già esperiti, nella casa di chi aveva beneficiato delle conseguenze della forza risanatrice che l'accoglienza della Sua Parola aveva saputo produrre in chi lo aveva incontro ed ascoltato.[126]

Il passaggio di Gesù dalla regione di Tiro e la miracolosa guarigione compiuta a distanza[127] come azione capace di saziare, con il «pane dei figli», quanti sentono la fame di Lui, segna l'inizio dell'estensione ad ogni uomo della salvezza di Dio operata da Gesù nell'essere stato vinto dalle parole della donna pagana che aveva creduto che Lui è il Signore.[128]

Si tratta di una storia nella quale il miracolo è subordinato al dialogo pedagogico avuto con la donna greca. I privilegi di Israele, adesso, sono a disposizione anche dei pagani secondo una pedagogia di salvezza che interessa lo stesso Gesù, nella disponibilità degli stessi e della loro fede nella Parola ascoltata dal Signore, al cui parlare segue il saziarsi di coloro che si lasciano nutrire. Lo stesso Gesù ha dovuto conoscere la fede dei suoi uditori, nel bisogno della donna, pronunciandosi positivamente a favore della salvezza per ogni uomo.[129]

L'evangelista usa l'espressione «E alzatosi di là»[130] (cf. 7, 24) per narrare il passaggio di Gesù dalla precedente situazione, della disputa con i farisei a Genesaret, all'attuale con il recarsi

---

[125] Cf. J. Mateos – F. Camacho, *Il vangelo di Marco. Analisi linguistica e commento esegetico*, vol. 2, 154-156.

[126] Cf. S. Grasso, *Vangelo di Marco. Nuova versione, introduzione e commento*, 197-198.

[127] Cf. R. Pesch, *Commentario teologico del nuovo testamento. Il Vangelo di Marco*, parte I, 599.

[128] È l'unica volta, nel vangelo di Marco, che una persona, per di più straniera e pagana, si rivolge a Gesù con il titolo di «Signore» (in Mc 11,3 il titolo compare sulla dello stesso Gesù). In tutti gli altri casi, sia che si tratti dei Dodici, dei discepoli, degli avversari o della folla, si usa sempre *didaskalos* (cf. Mc 4,38; 5,35; 9,17.38; 10,17.20.35; 12,14.19.32; 13,1; 14,14), *rabbì* (cf. Mc 9,5; 11,21; 14,45) o *rabbounì* (cf. Mc 10,51) (cf. A. Belano, cit., 531).

[129] Cf. S. Legasse, *Marco*, 597-60; J. Gnilka, *Marco*, 399-400.

[130] Il verbo usato è *αναστάς*, da *άνίστημι*, lo stesso utilizzato da Gesù per presentare la sua risurrezione ai suoi dopo tre giorni dalla sofferenza che dovrà sopportare da parte degli anziani, dei capi dei sacerdoti e degli scribi (Mc 8, 31). Il verbo è impiegato nel senso intransitivo per indicare l'azione di alzarsi, risuscitare. Si tratta del verbo

velatamente nella regione di Tiro. Ovunque Egli si recava, qualsiasi persona da Lui incontra, traspariva la Sua gloria che lo contraddistingueva, tanto da non poter rimanere in incognito ed essere inevitabilmente riconosciuto, nonostante il suo tentativo di dissimulazione.[131]

Gesù, entrato in una casa con la volontà che nessuno lo sapesse, era in cerca di un luogo dove poter restare da solo per poter riflettere sullo svolgimento e sul prosieguo del suo maestoso ministero.[132] La ricerca della condizione ideale per ricentrarsi e proseguire nella sua missione, si era concretizzata nella scelta di una casa, luogo di ritrovo della comunità credente.

L'incontro con la donna greca avvenne in una casa, e nella stessa venne rimandato da Gesù l'indemoniato guarito di gerasa per annunciare ciò che Egli aveva compiuto. La casa è il luogo per eccellenza della comunità cristiana dove fare esperienza e vivere quanto iniziato e insegnato da Gesù, nel suo ministero: nella casa è possibile ascoltare la Sua Parola e nutrirsi di Essa. Non è più una prerogativa destinata alla sola casa d'Israele ma ad ogni uomo che vuole abitare lo spazio dell'ascolto come nutrimento.[133]

Nonostante il desiderio di riservatezza, Gesù non riesce a rimanere nascosto ed è costretto, dalla richiesta della donna, ad aprire la sua potenza anche ai pagani. Il Suo tempo (eterno) è anticipatamente introdotto nel tempo (cronologico) nell'attimo presente della fede della donna, non appena ella udì della Sua presenza in mezzo alla gente. È la fede di chi ha riconosciuto nella propria condizione di vita la necessità di essere saziata, e in Gesù Colui che si propone come cibo adeguato per taluna soddisfazione.

La donna, non appena «udì di lui»,[134] nonostante l'appartenenza alla raffinata classe della cultura greca, socialmente privilegiata perché facente parte della cerchia illuminata e potente che dominava la società della regione di Tiro e di Sidone, non aveva perso tempo nel recarsi

---

preferito da Marco per indicare la risurrezione di Gesù (cf. Mc 9, 9.10.31; 10, 34; 16, 9), rispetto al tecnico *egheiro* (risvegliarsi, risorgere: Mc 14, 28; 16, 6.14), che mette in evidenza l'azione del Padre in senso passivo (è stato risuscitato) attribuendo così a Dio l'atto della risurrezione (passivo divino). Benché l'agente non sia esplicitamente menzionato si deduce che questi sono esempi di passivo divino e che l'agente è Dio, anche nel caso di Gesù (cf. A. Belano, cit., 589).

[131] Cf. S. Legasse, *Marco*, 375.

[132] Cf. V. Taylor, *Marco. Commento al Vangelo messianico*, 400.

[133] Cf. S. Grasso, *Vangelo di Marco. Nuova versione, introduzione e commento*, 198.

[134] Da questa espressione si deduce che la donna venne informata della presenza di uno che aiutava in modo particolare. In una parentesi la donna è presentata dall'evangelista come greca siro-fenicia. Le due connotazioni non sono solamente una definizione etnica (cf. J. Gnilka, cit., 402). Il termine «greca» oltre ad indicare la cultura e la religione di appartenenza della donna, *Ἑλληνίς* è impiegato anche per indicare i non-greci, come i giudei, in senso negativo come sinonimo di pagano, in riferimento agli idolatri non appartenenti al popolo eletto. Nel nostro caso il termine è adoperato in modo ambivalente per indicarne sia la lingua che la cultura, sia come accezione religiosa di un giudizio negativo da parte di chi scrive. In entrambi i casi si sottolinea l'origine non giudaica della donna. La specificazione riportata dall'evangelista siro-fenicia fa riferimento all'origine etnica della donna, la quale abitava nella regione costiera della provincia romana della Siria, per distinguerla dalla regione Libio-fenicia (cf. A. Belano, cit., 527-528).

nella casa abitata da Gesù per presentargli il proprio dolore. La condizione di tormento che versava sulla figlia si mostrava con una forza invincibile per l'uomo, fino al momento dell'incontro con Colui che si mostra «alzato» di fronte a ciò che impedisce all'uomo di vivere.

La condizione dominante della donna, della classe sociale di appartenenza, era dominata da qualcosa dinanzi al quale l'uomo non può nulla. Tale situazione è rappresentata dalla condotta della figlia soggiogata da ciò che la donna definisce demonio. Per di più, la figura infantile a cui si fa riferimento (quella della figlia), dice impossibilità di iniziativa e incapacità degli oppressi di farsi carico della propria vita. La figlia è pertanto anche figura del popolo oppresso da quella forma di schiavitù che conduce alla morte la stessa umanità idolatra, nella sua libera decisione di vivere senza fare alcun riferimento a Dio. [135]

Una umanità che ha smarrito la capacità di pronunciarsi nei confronti di un potere che non riesce più a mettere in discussione, rimanendo inattiva dinanzi all'opportunità offerta da Dio di proiettarsi lungo i propri orizzonti, percepiti dall'uomo come fame di Lui.

Inizia così il dialogo tra Gesù e la donna la quale, giunta dinanzi a Lui, si gettò ai suoi piedi. L'evangelista sottolinea che l'azione della donna è stata tempestiva: ella, arrivata sul luogo, subito[136] si prostrò ai suoi piedi.

La persona di Gesù, il suo operare, non lascia indifferenti nessuno. Egli suscita presenza immediata in chi lo ascolta, sia che si tratti di opposizione (come farisei e scribi provenienti da Gerusalemme dopo la prima moltiplicazione dei pani), sia per prostrarvisi dinanzi come la donna pagana. La Sua presenza impone un movimento di coscienza in chi lo incontra, suscitando rifiuto o sequela, seppur nel medesimo bisogno. Dinanzi a Lui l'uomo consapevolizza immediatamente lo stato su cui versa la propria vita; è come luce che illumina, in maniera consapevole o no, la singolare condizione di schiavitù di ogni uomo che grida liberazione.

La questione, inserita dall'evangelista nella sezione dei pani, può essere risolta solamente da Gesù, da Colui che può saziare anche con le sole briciole che cadono dalla tavola dei commensali la fame di chi lo cerca. La donna non è direttamente colpevole del male della figlioletta, nessuno in particolare ha colpa. Si tratta piuttosto di un male di popolo che necessita l'ausilio di Gesù, interpellato dalla donna prostrata. La guarigione non avviene per contatto

---

[135] Cf. J. Mateos – F. Camacho, *Il vangelo di Marco. Analisi linguistica e commento esegetico*, vol. 2, 158-160.

[136] L'espressione *ἀλλ'ευθυς* è unica in Marco, il quale è solito adoperare *και ευθυς*. La formula utilizzata dall'evangelista non introduce un contrasto o una contrapposizione, ma soltanto una novità o un elemento di discontinuità rispetto alla precedente narrazione (cf. A. Belano, cit., 526).

bensì attraverso un dialogo, le cui Parole dette sono capaci di sfamare il bisogno causato dalla disobbedienza.

La donna, gettandosi ai piedi di Gesù, lo supplicava di liberare la propria figlia da ciò che la opprimeva senza chiedersi/gli il motivo per la quale la figlia versava in quelle condizioni. Non pretendeva nemmeno che Gesù si recasse nella sua casa per valutare di presenza il problema, oramai insopportabile, e risolverlo lì dove ella abitava,[137] certa del fatto che qualunque cosa Egli avesse fatto o detto sarebbe stata risolutiva per il suo tormento (cf. Gv 2, 5). Ella si trovava prostrata dinanzi a Colui che è «alzato» dinanzi a tutto ciò che piega l'uomo, oramai prossimo alla morte.

La risposta di Gesù sorprende per il disprezzo manifestato. Egli infatti ha prospettato alla donna una gerarchia di salvezza la cui priorità era per i figli[138], per i giudei, i quali avevano diritto di essere saziati per primi. La reazione di Gesù è scaturita, presumibilmente, anche dalla volontà di lasciare consapevolizzare, ancor di più e meglio, quanto dalla donna già intuito, cioè che la salvezza non è questione di sapienza umana quanto piuttosto questione di sapienza divina che conduce l'uomo lungo l'itinerario di non pensarsi salvato senza l'ausilio di Dio che dà vita con il suo nutrimento, con la Sua Parola che suggella la fine dei tormenti come l'insegnamento della metafora del «pane», della religiosità ebraica, la quale designava la Torah di Mosè, nei suoi osservarti, ciò che rendeva Israele superiore ai pagani.[139]

---

[137] Cf. J. Mateos – F. Camacho, *Il vangelo di Marco. Analisi linguistica e commento esegetico*, vol. 2, 159-160.

[138] Il termine *τέκνα* indica il bambino dal punto di vista della discendenza: il riferimento è alla discendenza di Abramo dei «figli» giudei (cf. Mt 3,9) che è, insieme, discendenza divina (cf. Dt 14,1; Os 11,1). Anche se il termine non ricorre spesso nei LXX per indicare il popolo di Israele, l'idea di figli di Dio in riferimento a Israele è bene attestata (cf. Dt 32,20.43; Sal 82,6; Is 1,2; 63,8; Os 11,1) (cf. A. Belano, cit., 530; R. Pesch, cit., 603). Inoltre, il termine *προτον* attenua per principio il rifiuto: la salvezza è destinata in primo luogo ai giudei. L'idea centrale della narrazione è retta da questo principio missionario del cristianesimo antico, che qui si tratta di interpretare correttamente se *προτον* significa che la missione fra i pagani non è consentita prima della completa conversione di Israele, o che, pur riconoscendo la fondamentale preminenza di Israele, anche ora è permessa ed opportuna la missione fra i pagani e già ora vale il diritto subordinato dei pagani (cf. R. Pesch, cit., 603).

[139] Cf. J. Mateos – F. Camacho, *Il vangelo di Marco. Analisi linguistica e commento esegetico*, vol. 2, 161.

Se la priorità dell'attenzione di Gesù è per i giudei (per i *teknon*), questo non vuol dire che non arriverà il momento di saziare anche i «cagnolini»[140] pagani con lo stesso pane, che aprirà uno spiraglio con un successivo cambio di situazione.[141]

L'atteggiamento di Gesù, nonostante l'apparente rifiuto, deve aver incoraggiato la donna la quale aveva controbattuto alla negazione, per essere esaudita,[142] col prospettare un ampliamento di visione in Gesù nei confronti di coloro che sentono la necessità di essere da Lui sfamati.

L'immediata risposta della donna, frutto della sua incondizionata fede in Gesù riconosciuto come il Signore, ha permesso un'elevazione di piano al significato della figliolanza di Dio, restituendogli l'appartenenza non più relegata alla sola discendenza giudaica quanto, piuttosto, a quel legame parentale che è proprio di un Padre nei confronti dei figli.[143] Per di più, l'essere stata paragonata ad un «cagnolino» è condizione sufficiente per la donna purché, anche con le sole briciole, possa attingere da quell'unica mensa della Parola del Signore, nella casa dentro cui i figli e i cagnolini convivono attorno all'unica mensa.

La parola della donna ha suscitato in Gesù un giudizio che ha segnato l'uscita del demonio dalla figlia tormentata. La fede della donna ha permesso l'istaurarsi di un contatto prodigioso tra Gesù e sua figlia tale da prolungare l'effetto risanatore a vantaggio di una umanità schiacciata dalle conseguenze del peccato, in perfetta linea con la conoscenza di Gesù che si accorda con la volontà del Padre. Una conoscenza che scaturisce solamente da una profonda comunione con Dio, alimentata dalla pressante preghiera che anima il sentirsi e far sentire (a Dio) di essere figli nella fede nella Sua Parola che rende tali, anche solo alimentandosi delle briciole che cadono dalla tavola. La parola di chi crede in Dio, riconosciuto nella Signoria di

---

[140] La risposta di Gesù sembra essere molto dura, poiché nell'antico mondo giudaico dare del «cane» a qualcuno era considerato un insulto grave (cf. 1Sam 17,43; Is 56,10-11). In forma figurata l'immagine del «cane», associata a quella del «maiale», viene talvolta impiegata nella letteratura rabbinica in modo sprezzante per definire i «pagani», ossia i non appartenenti al popolo giudaico. Del resto nella Bibbia il cane è considerato un animale immondo e quasi sempre ha una connotazione spregevole (cf. 1Sam 24,15; 2Re 8 13; Prov 26,11; Mt 7 6). Questa impronta sostanzialmente negativa associata al vocabolo «cane» si ritrova anche nella tradizione neotestamentaria e in quella cristiana, dove gli oppositori e gli eretici sono definiti metaforicamente «cani» (cf. 2Pt 2,22; Fil 3,2; Ap 22,15; Ignazio di Antiochia, *Ad Eph.*, 7,1). Per mitigare in parte la durezza dell'epiteto sulla bocca di Gesù, si può osservare che il diminutivo ellenistico *κυνάριον* usato da Marco, analogamente al classico *κυνίδιον*, indica non il cane randagio, ma il cucciolo domestico che veniva tollerato nelle abitazioni dei giudei. L'uso dei diminutivi è una delle caratteristiche dello stile marciano (cf. Mc 3,9; 5,23.39.41; 6,9; 7,25.27.28.30; 8,7; 9,24.36.37; 10,13-14; 14,47) e più in generale del greco ellenistico (cf. A. Belano, cit., 530).

[141] Cf. S. Legasse, *Marco*, 377.

[142] Cf. V. Taylor, *Marco. Commento al Vangelo messianico*, 402.

[143] La donna per parlare di figliolanza usa il termine *paidion*, che sostituisce il termine *teknon* usato da Gesù (cf. S. Legasse, cit., 379-380).

Gesù, diventa il prolungamento e il completamento del dirsi di Dio per l'uomo che sigilla l'Alleanza di salvezza.

La donna diviene prototipo dei pagani i quali crederanno al Signore Risorto e che accetteranno il vangelo loro annunciato, a differenza dei giudei che assumeranno un atteggiamento di rifiuto. La donna, nel ritornare a casa, aveva trovato conferma della promessa di liberazione. L'efficacia assoluta della Parola di Gesù era stata la risposta alla parola dettata dalla fede della donna la quale non si era lasciata fuorviare nel desistere dall'attesa della salvezza.[144] La donna, a differenza del giovane ricco (cf. 10,17-30), aveva compreso bene cosa significasse lasciare tutto per seguire Colui la cui Signoria è fonte di vita per chi ne riconosce la sua autorità.[145]

Il dialogo tra la donna e Gesù, il Signore, è prova della presenza del Regno di Dio nella ricostituzione dell'alleanza tra Dio e l'uomo nella partecipazione all'unico banchetto bandito per saziarsi delle Parole dette da Dio e manducate dall'uomo, per fare esperienza dell'essere generati come figli.[146]

2.8 Seconda moltiplicazione dei pani: la Salvezza è per tutti (8,1-9)

> In quei giorni, poiché vi era di nuovo molta folla e non avevano da mangiare, chiamò a sé i discepoli e disse loro: «Sento compassione per la folla; ormai da tre giorni stanno con me e non hanno da mangiare. Se li rimando digiuni alle loro case, verranno meno lungo il cammino; e alcuni di loro sono venuti da lontano». Gli risposero i suoi discepoli: «Come riuscire a sfamarli di pane qui, in un deserto?». Domandò loro: «Quanti pani avete?». Dissero: «Sette». Ordinò alla folla di sedersi per terra. Prese i sette pani, rese grazie, li spezzò e li dava ai suoi discepoli perché li distribuissero; ed essi li distribuirono alla folla. Avevano anche pochi pesciolini; recitò la benedizione su di essi e fece distribuire anche quelli. Mangiarono a sazietà e portarono via i pezzi avanzati: sette sporte. [9]Erano circa quattromila. E li congedò.

Con la seconda moltiplicazione dei pani, Gesù ha compiuto il terzo miracolo in terra pagana. Dopo la guarigione dell'indemoniato di Gerasa e in continuità con il miracolo della

---

[144] Cf. J. Gnilka, *Marco*, 404; S. Legasse, *Marco*, 380-381.

[145] Solamente qui, in un racconto marciano di miracolo, si parla di *Klinè*, il letto signorile (altrove c'è *Krabatos*), forse come allusione alla più agiata situazione economica di questa donna (cf. J. Gnilka, cit., 404).

[146] Cf. S. Grasso, *Vangelo di Marco. Nuova versione, introduzione e commento*, 200.

figlia della donna siro-fenicia, la cui fede nel Signore aveva sfamato il suo bisogno di vita, Gesù ha continuato a nutrire di sé anche i pagani, nel territorio della Decapoli.[147]

Se la prima moltiplicazione dei pani era stato un segno per i soli giudei, la seconda moltiplicazione è stato segno tangibile per ogni uomo; un'azione prolettica dell'Eucarestia, del nutrimento che ha rotto ogni confinamento cultuale e che ha annunciato l'irrompere del Regno di Dio in mezzo agli uomini.[148]

La pericope, nella sua apertura, non precisa il luogo dell'azione; l'evangelista precisa solamente che quanto compiuto da Gesù avvenne «in quei giorni» (cf. 8,1). Si tratta di una collocazione atemporale che connota l'intervento definitivo di Dio a beneficio dell'uomo, per la sua salvezza.[149] Ed è proprio la numerosa folla che seguiva Gesù ad avere permesso il congiungersi del desiderio di Dio di incontrare l'uomo, con il bisogno dell'uomo stesso che necessita di non smettere di ascoltare il Signore che parla e che nutre.

Gesù, con tono imperante,[150] aveva chiamato a sé i discepoli così come aveva fatto sia nel giorno della costituzione dei dodici (cf. 3,13), sia quando li inviò in missione (cf. 6,7). L'averli chiamati a sé, «perché stessero con lui» (cf. 3,15), fu dettato dal desiderio di volere insegnare loro a sentire la fame dell'uomo nella condivisione dell'unico pane che soddisfa il senso della sazietà della pienezza ricercata; è l'annuncio di una missione che non ha alcuna frontiera, in cui il nuovo Israele è chiamato a porsi a servizio dell'umanità intera. Per la prima volta i dodici vennero messi di fronte ad una folla numerosa esclusa dalla logica del vecchio Israele una folla che aveva bisogno di aiuto. I discepoli necessitavano di essere convocati dal Maestro a causa della lontananza di intenti che li tenevano separati da Gesù: i discepoli, infatti, erano ancora troppo distanti dalla commozione provata da Dio dinanzi al bisogno dell'uomo, della folla, che, a differenza loro, sembrava essere in perfetta sintonia con quanto aveva da dire loro il Maestro.[151]

---

[147] Cf. R. Pesch, *Commentario teologico del nuovo testamento. Il Vangelo di Marco*, parte I, 621.
[148] Cf. V. Taylor, *Marco. Commento al Vangelo messianico*, 409.
[149] Cf. S. Grasso, *Vangelo di Marco. Nuova versione, introduzione e commento*, 203; J. Mateos – F. Camacho, *Il vangelo di Marco. Analisi linguistica e commento esegetico*, vol. 2, 184-185; l'espressione «in quei giorni», si ritrova nel secondo vangelo come generica ed indeterminata indicazione temporale (cf. Mc 1,9; 2,20; 4,35; 8,1; 13,17; 13,19; 13,24; 13,32; 14,25). L'espressione, tuttavia, è tipica del linguaggio escatologico ed è spesso usata dai profeti per indicare gli «ultimi tempi», ossia l'epoca in cui si realizzerà l'intervento definitivo di Dio nella storia umana, caratterizzato dall'abbondanza dei beni messianici (cf. A. Belano, cit., 545).
[150] Cf. S. Grasso, *Vangelo di Marco. Nuova versione, introduzione e commento*, 203; S. Legasse, *Marco*, 391; il verbo *προσχαλεσάμενος* assume un implicito significato di comando autorevole, che spesso introducono i discorsi di Gesù (cf. A. Belano, cit., 546).
[151] Cf. S. Grasso, *Vangelo di Marco. Nuova versione, introduzione e commento*, 203-204; J. Mateos – F Camacho, *Il vangelo di Marco. Analisi linguistica e commento esegetico*, vol. 2, 185-186.

Il dialogo che Gesù aveva intrapreso con i suoi discepoli era servito a prepararli alla novità che stava per accadere. L'iniziativa era stata del Maestro e il suo agire, animato dalla compassione per la folla, aveva reso inutile ogni loro iniziativa. A differenza della prima moltiplicazione dei pani, Gesù non aveva detto ai suoi discepoli cosa fare; lui stesso, sollecitato dalla compassione per quanti lo seguivano da tre giorni,[152] si era preoccupato di dare loro da mangiare.

«Tre giorni» (cf. 8,31) è il tempo che lo ha visto stare circondato dalla folla e che sembra riflettere il tempo della pienezza che scaturirà dalla prossima risurrezione; è il tempo della partecipazione all'unico banchetto festoso, senza alcuna esclusione, dell'invito eterno e definitivo dell'uomo alla vita di Dio.

Ma i discepoli, increduli come Mosè (cf. Nm 11,13), si rivolsero al Maestro con un interrogativo che aveva mostrato la loro resistente incomprensione dell'identità di Gesù e della Sua attività a vantaggio anche dei pagani, alcuni dei quali erano venuti da lontano, in una zona desertica dove era impossibile procurare il necessario per così tanta gente.[153]

Gesù, a differenza della precedente moltiplicazione, non ha contemplato l'idea di sollecitare i suoi di dare da mangiare alla folla. Egli stesso, la Sua Parola, si è mostrata come fonte per mezzo della quale l'impossibile può accordarsi con il soddisfacimento del bisogno vitale del nutrimento per l'uomo: l'ascolto della Sua Parola, il desiderio di rimanere con Lui, sono stati i presupposti che hanno determinato le condizioni di stabilità relazionale tra l'uomo e Dio, ancora una volta nel deserto alla stessa stregua del popolo d'Israele liberato dalla schiavitù dell'Egitto e pellegrinante nel deserto verso la terra promessa.

La domanda che Gesù ha posto ai suoi discepoli, circa la quantità dei pani posseduti, ha voluto marcare l'irrisoria sintonia che li legava al Maestro: solamente sette pani per una folla di quattromila uomini che non avevano nulla da mangiare; una quantità di pane perfettamente e pienamente insufficiente a fronte del necessario bisogno di sfamare il riscatto dell'uomo, personificato dallo stare attorno a Gesù della folla; bisogno avvertito e fatto Suo dal Maestro che parla e nutre quanti lo ascoltano.[154]

---

[152] L'espressione «tre giorni» non deve essere necessariamente intesa in senso strettamente cronologico. Nel mondo biblico (come del resto nella cultura orientale e greca) il numero tre, associato alle indicazioni del tempo, è spesso usato con significato approssimativo o simbolico, per indicare un periodo o una situazione che possono essere più o meno lunghi, a seconda dell'accento che intende dare chi scrive o parla (cf. A. Belano, cit., 547).

[153] Cf. S. Grasso, *Vangelo di Marco. Nuova versione, introduzione e commento*, 204; J. Gnilka, *Marco*, 417.

[154] Cf. S. Grasso, *Vangelo di Marco. Nuova versione, introduzione e commento*, 204; J. Mateos – F. Camacho, *Il vangelo di Marco. Analisi linguistica e commento esegetico*, vol. 2, 189-190.

Dinanzi a questo scenario, alla ostinata e resistente impotenza dei discepoli[155] e alla numerosa folla che necessitava di essere sfamata,[156] l'autorità di Gesù, il Suo agire, aveva preso le distanze da ogni forma di bisogno dell'uomo. Gesù, nell'avere impartito ai presenti l'ordine di mettersi a sedere per terra, ha fatto sì che quanti lo attorniavano hanno potuto subire gli effetti dell'offerta che il Figlio di Dio ha fatto di sé al Padre nell'avere trasformato la pochezza dell'uomo in partecipazione attiva alla vita eterna di Dio, con il Suo rendimento di grazie al Padre a cui era seguita la distribuzione del pane spezzato da parte dei suoi discepoli.

Il comando di sdraiarsi, dato alla folla con tono imperante, era servito per vincere ogni forma di resistenza che si opponeva alla grazia che stava per raggiungerli; resistenza di cui ogni uomo, di ogni tempo, è affetto. Mangiare sdraiati, sotto ordine impartito, significa abitare la condizione necessaria per sentire la leggerezza della libertà a discapito di ogni forma di schiavitù ed emarginazione. È un ordine, dato al presente storico, che libera la chiamata di ogni uomo, la sua vocazione, perché essa possa essere vissuta nella consapevolezza di figli perdonati.[157]

I discepoli, passivi fino a quel momento, vennero chiamati alla partecipazione attiva solamente nel momento della distribuzione del pane spezzato e moltiplicato dall'azione eucaristica[158] dell'offerta/donazione di Sé del Maestro.

L'aver spezzato il pane è stato un gesto funzionale di Gesù perché il Suo agire di salvezza abbia potuto trovare continuità nella gestualità della spartizione dei pezzi da parte dei suoi discepoli. Per quanti, infatti, avevano deciso di stare a stretto contatto del Maestro, perché il loro discepolato esplicasse tutta la potenzialità di senso, era necessario entrare nell'ottica salvifica offerta da Gesù per ogni uomo. Se con la prima moltiplicazione furono portate via dodici sporte piene di cibo avanzato, segno del dono per l'intero Israele; adesso, con la seconda

155 Cf. V. Taylor, *Marco. Commento al Vangelo messianico*, 413.

156 L'evangelista Marco gioca, senza dubbio, con i due significati del «mangiare», che può riferirsi tanto all'alimento nel suo senso materiale quanto a quello dello spirito, secondo la maniera di parlare degli ebrei (cf. 3,20: «mangiare pane»; 6,32: «mangiare»), però, seguendo il valore figurato dell'episodio, pone l'accento sul secondo. Gesù non afferma, del resto, che la folla abbia fame in quel momento, bensì che gli individui che la compongono non hanno da mangiare e che, durante il cammino, hanno bisogno di alimentarsi (cf. J. Mateos – F. Camacho, cit., vol. 2, 187).

157 Cf. J. Mateos – F. Camacho, *Il vangelo di Marco. Analisi linguistica e commento esegetico*, vol. 2, 190-191.

158 L'azione, così come viene descritta, risente come in Mc 6,41 del simbolismo eucaristico la cui tradizione ha pervaso l'episodio. È interessante confrontare su questo punto i due racconti della moltiplicazione dei pani con il racconto dell'istituzione nel contesto dell'ultima cena. [...] Il rendimento di grazie qui è espresso con *eucharistein*, in questo caso un puro sinonimo di *eulogein*, che si ritrova a proposito della coppia in Mc 14,23 e altrove in questo stesso contesto eucaristico (cf. S. Legasse, cit., 393). La presenza di questo verbo nella nostra narrazione mostra che il miracolo è stato riconosciuto come una figura eucaristica (cf. V. Taylor, cit., 413).

moltiplicazione, il numero sette di sporte avanzate ha voluto, presumibilmente, significare pienezza di dono di Dio per tutta l'umanità.[159]

Gesù, con la seconda moltiplicazione, ha voluto estendere l'offerta di Sé, nel pane della Sua Parola, ad ogni uomo nell'azione miracolosa dell'ultima e definitiva moltiplicazione in terra pagana come azione capace di dilatare la comprensione dei confini di salvezza di quanti lo hanno seguito come prolungamento del Suo agire, nella partecipazione attiva della distribuzione/condivisione dell'unico e festoso banchetto del pane offerto e spezzato.

Nonostante ciò i discepoli, come i farisei (cf. 8,10-26), si erano dimostrati incapaci di cogliere la novità che il Maestro era venuto a manifestare e a partecipare. I discepoli, preoccupati solamente per la scarsità di pane, erano stati incapaci di interpretare il significato delle precedenti due moltiplicazione dei pani. Alla sovrabbondanza a cui Gesù li aveva resi partecipi, essi avevano risposto con una durezza di cuore che li aveva posti in una situazione diametralmente opposta e in opposizione a quella di Gesù, della loro incapacità di ricordare, di riportare alla mente quanto avevano sperimentato, visto e udito.[160]

2.9 Dall'incomprensione all'Eucaristia (11,12-26; 14,1-9.22-25; 16,14-19)

Da quanto fino ad ora analizzato si evince di fatto che il popolo di Israele non si era aperto all'annuncio del regno di Dio da parte di Gesù Cristo. La novità salvifica dell'annuncio la cui sconvolgente grandezza aveva investito il popolo eletto e che, proletticamente, doveva essere compresa nell'apertura verso ogni nazione, si era consumata nell'infedeltà di Israele nell'aver rifiutato il Messia. Simboleggiato da un fico il popolo eletto, in continuità di significato con la vigna piantata da Dio (cf. Is 5,1-2), si era rivelato privo di segni di fecondità.[161]

Durante il cammino che da Betania aveva condotto il Maestro e i suoi discepoli a Gerusalemme, lì dove stava per consumarsi il sacrificio di salvezza, Gesù, solamente Lui, sentì fame. Non si è trattata di fame fisica, bensì del desiderio ardente dell'umanità per Dio creatore, incarnata dal Figlio di Dio.[162]

---

[159] Cf. S. Grasso, *Vangelo di Marco. Nuova versione, introduzione e commento*, 205.
[160] Cf. A. Guida, *Vangelo secondo Marco*, in *I Vangeli*, 612-613.
[161] Cf. S. Legasse, *Marco*, 574-576.
[162] Cf. J. Mateos – F. Camacho, *Il vangelo di Marco. Analisi linguistica e commento esegetico*, vol. 3, Cittadella editrice, Assisi, 2010, 88-90; J. Gnilka, *Marco*, 602; V. Taylor, *Marco. Commento al Vangelo messianico*, 536.

Dinanzi ad un albero carico di foglie ma spoglio di frutti, perché fuori stagione (cf. 11,13), si era manifestata una situazione drammatica per Israele come quella denunciata dai profeti.[163]

Per Gesù la pianta di fico era figura dell'Israele istituzionalizzato la cui massima espressione trovava la sua centralità nella maestosità «lontana»,[164] vuota ed apparente del tempio di Gerusalemme. La Sua era fame causata dal vivo desiderio di trovare all'interno di Israele il «frutto» che il popolo eletto avrebbe dovuto portare a maturazione; come in uno scambio, al dono che Dio aveva concesso al popolo scelto, Israele avrebbe dovuto corrispondere con la maturazione del significato della salvezza ottenuta.[165] Così come il primo uomo ricevette da Dio alberi i cui frutti avrebbero dovuto saziare la sua fame di Dio, alla stessa maniera l'umanità assunta da Dio aveva cercato, in senso figurato, nella maturazione (mancata) dei frutti dell'albero di fico, la pienezza dell'unità con Dio creatore. Ma da un albero senza frutti, Gesù aveva solamente dedotto la mancata maturità della risposta al dono ricevuto dall'uomo.

L'albero di fico, privo di frutti ma carico di foglie, era continuato ad essere figurazione del modo in cui Adamo utilizzò le foglie dell'albero di fico per coprire la nudità scoperta successivamente alla disobbedienza che lo aveva portato lontano da Dio. Segno tangibile anche per il popolo eletto e per la sua incapacità di cogliere, nel ritmo dell'ordinarietà del vivere la legge mosaica, la straordinarietà rivelativa della Parola di Dio contenuta nella legge che esula e supera l'ordinarietà delle stagioni.

La reazione di Gesù, dinanzi alla sterilità del fico, è risposta alla deludente situazione su cui versava Israele il quale non aveva saputo cogliere il *Kairos*[166] (cf. 11,13) che lo aveva raggiunto come prova escatologica della promessa divina che si attuava.

La ricerca dell'umanità bisognosa, che ha motivato l'agire salvifico di Dio per l'uomo, ha trovato corresponsione in una donna che, in un contesto di mensa, si accostò a Gesù per ungergli il capo con olio profumato (cf. 14,1-9). Dalla congiura dei capi che intendevano mettere a morte Gesù (cf. 14,1-3), si passa ad un contesto di mensa lì dove il gesto profetico di una donna aveva annunciato ai discepoli del Maestro il motivo per la quale il Figlio di Dio si è fatto uomo: dal

---

[163] In corrispondenza a questo tipo di simbolismo, nei profeti è possibile rintracciare immagini di infedeltà del popolo di Israele. Il profeta Geremia (cf. 8,13), dopo aver constatato la corruzione di Gerusalemme (cf. 8,5-7), nonostante si vantasse della legge (cf. 8,8), conclude deluso per la mancanza di fichi sulla pianta da raccogliere. La delusione del profeta dipende dal fatto che da Israele sono scomparsi gli uomini leali e onesti, ma tutti dediti a compiere opere malvagie (cf. Mi 7,1-3) (cf. J. Mateos – F. Camacho, cit., vol. 3, 91-92; J. Gnilka, cit., 603-604).

[164] L'espressione «da lontano» potrebbe alludere all'impatto che la magnificenza del tempio aveva fra i pagani, ovvero alla distanza ideologica fra Gesù e il sistema religioso giudaico incentrato sul tempio il cui aspetto, da lontano, è contraddittorio, come l'aspetto del fico, rispetto alla realtà vista da vicino: l'apparenza è ingannevole e, da lontano, nasconde la sua sterilità (cf. J. Mateos – F. Camacho, cit., vol. 3, 92-93).

[165] Cf. J. Mateos – F. Camacho, *Il vangelo di Marco. Analisi linguistica e commento esegetico*, vol. 3, 92.

[166] Cf. J. Gnilka, *Marco*, 605; S. Grasso 291; J. Mateos – F. Camacho, *Il vangelo di Marco. Analisi linguistica e commento esegetico*, vol. 3, 94.

rifiuto della classe istituzionalizzata del popolo, si passa all'ostinata volontà salvifica di Dio per l'uomo pienamente compresa e restituita, come risposta, dall'interpretazione del gesto profetico della donna.

La vicenda si svolse a Betania, villaggio che rappresentava a pieno la situazione del popolo di Israele, ideologicamente, sottomessa all'influenza di Gerusalemme, la cui aspettativa era riversata nell'attesa della venuta di un Messia trionfalmente nazionalista.[167] A casa di «Simone il lebbroso»,[168] una donna, la cui identità rimane nell'anonimato,[169] si avvicinò a Gesù per compiere un gesto chiaramente finalizzato ad annunciare la Sua morte.[170] La casa di Simone il lebbroso, il cui «contagio» aveva reso impuri, lebbrosi, i presenti, rappresenta un intimo focolare di isolamento di quanti abitavano la casa, sia perché appartenenti al contesto cultuale ebraico ma di fatto erano seguaci di Gesù; sia perché erano impregnati di una concezione messianica comune a quella della loro società, totalmente distante dalla messianicità proposta da Gesù, che li teneva lontani da Dio.[171]

L'unzione del capo da parte della donna, gesto rituale che veniva compiuto in occasione dell'intronizzazione di un re,[172] ha voluto anche esprimere il riconoscimento in Gesù di una regalità nuova e qualitativamente differente; regalità di Colui che, a mensa, si trovava ad essere «sdraiato»[173] tra quanti lo circondavano.

La donna, la quale proveniva da «fuori», iniziò a cospargere il capo di Gesù di nardo, segno dell'amore autentico offerto al Maestro; segno di una volontà pronta a lasciare ogni tipo di ricchezza per seguire Colui che è vita (cf. 10,17-22), nonostante il Suo essere «sdraiato».

---

[167] Cf. J. Mateos – F. Camacho, *Il vangelo di Marco. Analisi linguistica e commento esegetico*, vol. 3, 363.

[168] L'appellativo «il lebbroso» non induce affatto a ritenere che questo tale Simone fosse un lebbroso risanato da Gesù. È del tutto improbabile che si tratti di un banchetto nel quale il padrone di casa rischi di rendere, per contagio, impuri gli ospiti e che questi possano avere accettato un invito così rischioso (cf. R. Pesch, *Commentario teologico del nuovo testamento. Il Vangelo di Marco*, parte II, Paideia, Brescia 1982, 492). Potrebbe trattarsi della casa messa a disposizione di Gesù durante il suo soggiorno a Gerusalemme (cf. J. Gnilka, cit., 747), divenuto luogo per correggere le aspettative dell'ideologia sbagliata di Israele, rappresentata bene dagli abitanti di Betania, in una casa perché focolare di umana comunità (cf. J. Mateos – F. Camacho, cit., vol. 3, 364).

[169] Cf. S. Grasso, *Vangelo di Marco. Nuova versione, introduzione e commento*, 339; R. Pesch, *Commentario teologico del nuovo testamento. Il Vangelo di Marco*, parte II, 493; Mateos 366; S. Legasse, *Marco*, 715; V. Taylor, *Marco. Commento al Vangelo messianico*, 622.

[170] Cf. J. Gnilka, *Marco*, 749-750.

[171] Cf. J. Mateos – F. Camacho, *Il vangelo di Marco. Analisi linguistica e commento esegetico*, vol. 3, 365.

[172] Nel primo testamento essa faceva parte del rituale di intronizzazione del re (1Sam 10,1; 2Re 9,6; Sal 45,8) e di consacrazione del sacerdote (Es 29,7; 30,22-33; Sal 133,2). Pertanto, l'annotazione sulla costosità dell'unguento può far dedurre che l'azione esprima la grande stima e affezione per Gesù da parte della donna, la quale spende una ingente somma di denaro per acquistarlo. La sua personalità è, così, descritta in contrasto con la figura di Giuda, che accetta soldi per tradire Gesù (Mc 14, 10-11) (cf. S. Grasso, cit., 340).

[173] Gesù appare «sdraiato», lui solo, non accompagnato da commensali. Non c'è parallelismo, dunque, con il banchetto a casa di Levi, bensì opposizione. Gesù non si trova a casa propria, bensì a casa di Simone. La sua posizione, «sdraiato» o «giacente» (cf. Mc 1,30; 2,4), prefigura la sua morte. Spargendo sul capo di Gesù l'olio, la donna interpreta la vicina morte, indicata dalla sua posizione giacente, non come un fallimento bensì come trionfo della vita (cf. J. Mateos – F. Camacho, cit., vol. 3, 366-367).

Ungere il capo è stato segno prefigurativo della possibilità per l'uomo di attingere dalla Messianicità del Maestro, sprigionato dal profumo dell'olio, per guarire definitivamente dalla lebbra che lo vincola alla condizione di mortalità.

La comprensione dell'identità di Gesù della donna è stata la condizione ricapitolativa che ha motivato e ha dato inizio alla fase finale della missione di Gesù: l'ultima cena.

Nella convivialità con i suoi discepoli, mentre stavano mangiando, Gesù prese il pane (cf. 14,22): azione che ha voluto esprimere il desiderio di portare a compimento la comprensione di Sé per i discepoli, nell'essersi donato attorno all'ultima mensa, così come nelle precedenti vicende svoltesi attorno al pane, come cibo i cui effetti di sazietà potevano, da quel momento in poi, cominciare a maturare nei discepoli. A loro volta, essi lo avrebbero dovuto donare, nel pieno del significato assunto e compreso, ad ogni uomo.[174]

I commensali, «sdraiati» attorno alla mensa, si erano ritrovati dinanzi ad un nuovo e definitivo inizio che aveva segnato il passaggio dalla precedente Pasqua alla comprensione della nuova e definitiva Pasqua.

L'identità di Gesù, associata al Suo destino di salvezza, nel farsi pane, si era esaurita nel gesto e nella Parola espressa per i Suoi e per ogni uomo: «Prendete, questo è il mio corpo» (cf. 14,22); espressione che ha voluto esplicitare la totalità di Sé (= questo sono io) che si è donato nella commensalità condivisa con i Suoi, come modalità nuova di comunione, che ha chiarificato il significato dei banchetti tenuti con i peccatori durante la Sua attività,[175] ma che ha anche attuato il ripristino e il superamento del fallimentare «prendere e mangiare il frutto» adamico come tentativo dell'autodeterminazione di sé, di cui ogni uomo è affetto,[176] che aveva rotto la potenzialità della comunicazione relazionale, la cui massima espressione si esplicita nella consapevolezza di essere stati creati ad immagine di Dio come maschio e femmina (cf. Gn 1,27). Condizione imprescindibile che rischiava di essere perduta dalla sua negazione, i cui

---

[174] La menzione del «pane» ricorda le occasioni in cui i discepoli non avevano potuto mangiare pane (3,2; 6,31: «mangiare»), le due distribuzioni di pani (6,41; 8,6), «il pane dei figli», nell'episodio della siro-fenicia (7,27) e l'unico pane sulla barca (8,14), nonché il pane come metafora della legge (cf J. Mateos – F. Camacho, cit., vol. 3, 409).

[175] Cf. S. Grasso, *Vangelo di Marco. Nuova versione, introduzione e commento*, 345; J. Gnilka, *Marco*, 777-778.

[176] Il pronome indefinito *πολλοί*, letteralmente «molti», è un semitismo (*hārabbîm*, cf. Is 52,13; 53,11.12) per indicare «le moltitudini», «gli innumerevoli molti», ossia «tutti». L'ebraico e l'aramaico non possiedono il termine astratto «tutto» come concetto di totalità assoluta e ciò perché le lingue semitiche, diversamente dal greco, sono più concrete e preferiscono la determinazione piuttosto che l'astrazione; in tutta la letteratura talmudica la frase «i molti» è locuzione fissa per designare la totalità. Di conseguenza l'indefinito *πολλοί*, analogamente a quanto avviene in Mc 1,34; 3,10; 6,2; 9,26; 10,31.45, deve essere qui inteso in questo significato: non alla maniera esclusiva greca (= molti, ma non tutti), bensì in quella inclusiva semitica (= tutti, che, nel caso, sono molti) (cf. A. Belano, cit., 959).

effetti mostrano la drammaticità della realtà senza Dio, della grandezza soteriologica nascosta nell'unica legge divina sopperita dalla durezza di cuore che preferisce il suo contrario (cf. 10,1-12).

Le Parole di Gesù, unite alla gestualità dell'offerta di Sé nel pane e nel vino, sono diventate vita promessa, sono diventate istaurazione del regno di Dio; assimilazione a Sé dell'uomo come conseguenza dell'effetto della morte e della risurrezione del Maestro.

Una nuova modalità per continuare a vivere l'esistenza di Gesù, il Suo significato per l'uomo; una modalità unificante che ha condotto ogni uomo alla consapevolezza che nelle Sue Parole si comunica e si partecipa la presenza escatologica di Dio; partecipazione piena alla Sua vita secondo la volontà del Suo agire che si è concretizzata nelle Parole e nei gesti compiuti da Gesù come nuovo spazio celebrativo, «lontano» dalla centralità vuota ed apparente del tempio, dentro cui si celebra l'istaurarsi del regno di Dio.[177]

Nella festosità di un banchetto Dio si è donato in tutta la Sua immediatezza come Colui che si rende presente nella Sua creatura più profondamente di quanto essa possa essere presente a se stessa. Un legame che ha immesso l'uomo nella sua meta ultima che supera, nell'umanità assunta da Gesù Cristo, il mistero della nascita e della morte, il mistero della carne che cerca di essere adombrato dal sovrastante significato del mistero dell'incarnazione del Figlio di Dio. L'uomo, che prende parte alla mensa del Maestro, muore oltre natura, come superamento di essa, nel mistero della candidatura all'eternità nella spogliazione della morte stessa, segno tangibile dell'appartenenza al regno di Dio: nella donazione di Sé (di Gesù Cristo), ogni uomo interpreta la morte come consegna a Dio.[178]

La mensa è stata così assunta, per volontà divina, come luogo della rivelazione; luogo che ha permesso alla legge di Dio di ritrovare il significato pieno, nella sua adempienza, come rapporto fondante della solidarietà di Dio con l'uomo; re-interpretata attorno all'unica mensa possibile lì dove la solidarietà tra i commensali è stata trasformata in occasione di amore per il prossimo e per Dio (cf. 12,28-31). Gesù ha compiuto una dilatazione di significato della legge tale da attribuire la sua validità per ogni uomo; nemici e peccatori inclusi oltre ogni possibile logica di esclusione compiuta dalla classe cultuale del popolo eletto. Le Parole di Gesù (la legge di Dio) sono coincise perfettamente con l'identità di Dio che, nella sua vita intradivina, è andato incontro all'uomo fino alla condivisione dall'interno della sua disperazione. Gesù ha dilatato la

---

[177] Cf. C. Scordato, *Il settenario sacramentale. Introduzione e indagine biblica*, vol. 1/I, Pozzo di Giacobbe, Trapani 2007, 58-60.

[178] Cf. H. U. V. Balthasar, *Escatologia nel nostro tempo. Le cose dell'uomo e il cristianesimo*, Queriniana, Brescia 2017, 27-35.

comprensione del culto con l'averlo proposto come spazio dentro cui l'uomo può sperimentare e vivere la gioia della guarigione dalle sue sofferenze; la legge, il sabato, non ha più avuto valore se non nella dipendenza dei rapporti tra gli uomini, nel loro riposo con Dio (cf. 2,23-28). La commensalità, che ha aperto lo spazio della condivisione, ha soppiantato il pericolo della tentazione dell'uomo di «essere senza Dio» della fruizione individuale del regno di Dio.[179]

La volontà di Gesù, in occasione dell'ultima cena, è stata quella di accomunare i discepoli al proprio destino escatologico, in piena continuità di significato con quanto avvenuto nella duplice moltiplicazione dei pani. Una nuova prospettiva, quella del regno, che ha attraversato la via del calice, la via della sofferenza e dell'assenza che ha permesso l'istaurarsi del regno come realtà interna di chi avrebbe mangiato il pane divenuto corpo di Cristo e bevuto il vino divenuto sangue di Cristo.[180]

La nuova prospettiva escatologica, aperta da una formula negativa («non berrò più del frutto della vite», cf. 14,25), ha reso possibile il compimento della pienezza dell'uomo, dischiusa dalla morte del Maestro; azione che ha determinato la Sua autodonazione per «i molti», non soltanto come sola disposizione interiore, ma come atto integrale umano in forza della corporeità di Gesù che ha rivelato, definitivamente, la Sua identità soteriologica. Azione che ha portato a compimento anche le istituzioni veterotestamentarie dal Suo «sangue dell'alleanza» (cf. 14,24) donato per tutti, che ha espresso e spiegato la divina volontà soteriologica come superamento della condizione di peccato dell'uomo. Attraverso l'assunzione del vino, trasformato nel Suo sangue, Cristo ha reso partecipi tutti gli uomini, senza esclusione dei pagani, alla vita di Dio dal di dentro dei partecipanti al banchetto della definitiva alleanza scaturita dall'unica vittima che si è totalmente «effusa» (cf. 14,24). Gesù Cristo ha così incorporato attivamente a Sé i partecipanti al Suo corpo mistico, alla Sua vita in unione al Padre, con la vicinanza del regno come sola disposizione interiore di chi ascoltava il Maestro (cf. 1,14-15).[181]

Il frutto della vite non sarebbe stato più bevuto dal Maestro come prima; la nuova assunzione segna il discrimine che ha separato la precedente situazione bisognosa dell'uomo dalla nuova ed attesa realtà escatologica divina, resa attiva dalla vittoria sulla morte di Gesù; dall'Alleanza profondamente segnata dalla regalità di Dio manifestata, nella sua pienezza, dopo il silenzio della Sua morte. Il compimento messianico della salvezza ha attraversato ed ha

[179] Cf. C. Scordato, *Il settenario sacramentale. Introduzione e indagine biblica*, vol. 1/I, 72-75.
[180] Cf. A. Guida, *Vangelo secondo Marco*, in *I Vangeli*, 716-717.
[181] Cf. H. U. V. Balthasar, *Teologia dei tre giorni*, Queriniana, Brescia 1990, 89-93.

assunto la festosità di un banchetto, lì dove è possibile vivere la promessa divina a partire dalla modalità nuova di bere il frutto della vite.[182]

E proprio da una mensa, attorno alla quale erano riuniti gli undici, con la terza manifestazione il Risorto (cf. 16,14-20) aveva sopperito definitivamente ai precedenti e fallimentari tentativi di Maria di Magdala e dei discepoli (di Emmaus) di comunicare loro la forza del contenuto della fede pasquale.

Il numero undici era rappresentativo della cerchia che aveva sperimentato il fallimento causato dalla lontananza da Gesù segnato dal tradimento di Giuda, la cui morte aveva ridotto e cambiato la pienezza del numero dodici della scelta del Maestro. L'atteggiamento di incredulità degli undici, unita alla loro durezza di cuore, era perfettamente in linea con la loro mancata volontà di credere nella proposta di Sé che Gesù aveva loro offerta, ma che era stata malamente interpretata. L'evento della Risurrezione, che da quel momento in poi non poté più essere frainteso nel Suo intento, si era rivelato in tutta la Sua grandezza tanto da aver dato ragione ad ogni sentenza circa i precedenti racconti di Gesù: quanto aveva detto e compiuto, proletticamente, aveva dischiuso il nuovo e definitivo orizzonte ecumenico di salvezza. Il contenuto dell'annuncio si era manifestato, nella sua pienezza, nella stretta relazione tra la morte e la risurrezione del Maestro, continuamente seguito ed incompreso dai «molti». Dinanzi al Risorto i discepoli, frammentati nella loro fede, avevano potuto ri-comprendere il significato del ministero del Maestro e della loro responsabilità di invitati alla partecipazione di esso. Da quel momento in poi, quanto vissuto e compreso alla luce della Risurrezione, nella festosità di un banchetto, la rinnovata comunità credente sarebbe stata impegnata nella missione post-pasquale chiamata ad annunciare non un fenomeno esterno, quanto, piuttosto, un evento cosmico che assimila a Sé «i molti» nella commensalità condivisa del cibo - Corpo donato, e che si lascia accreditare come tale nei segni compiuti che, dall'ascensione in poi, hanno caratterizzato la comunità credente.[183]

Questo evento, accaduto in Gesù Cristo tra tempo ed eternità, ha permesso all'uomo di partecipare anticipatamente, nella fede, alla risurrezione di Cristo come evento che pone ogni uomo nell'eternità del Padre.

---

[182] Cf. J. Gnilka, *Marco*, 780-781; S. Grasso, *Vangelo di Marco. Nuova versione, introduzione e commento*, 346-347.

[183] Cf. S. Grasso, *Vangelo di Marco. Nuova versione, introduzione e commento*, 386-387; J. Gnilka, *Marco*, 939-941; V. Taylor, *Marco. Commento al Vangelo messianico*, 708-710; S. Legasse, *Marco*, 869-875.

3. Dalla sacralità del pasto alla convivialità di Dio

Da quanto è emerso dallo studio del vangelo di Marco, siamo incoraggiati nel ripensare la religiosità insita nell'uomo per proporla come punto di partenza del cammino cui l'uomo è chiamato a percorrere nella propria vita, come esperienza necessaria, verso la meta dell'incontro ultimo escatologico con Dio che si conclude attorno ad un banchetto festoso, i cui invitati sono i membri dell'unica comunità riunita: la Chiesa.

3.1 Antropologia e sacralità del pasto

La terra, nella coscienza religiosa primitiva, è vissuta come dato immediato e certo per la sua estensione, solidità e per tutte le varietà dei doni della vegetazione prodotti dalla sua unità cosmica. Essa manifesta un'attività viva proprio per la sua «forma» carica di forza e satura di sacralità capace di nutrire, come una madre, quanti da lei abitata:

> «È giunto fino a noi un numero rilevante di credenze, miti e rituali attinenti alla terra, alle sue divinità, alla Grande Madre. Formando, in un certo senso, il fondamento stesso del cosmo, la terra è dotata di multivalenze religiose. Fu adorata perché era, perché si mostrava e mostrava, perché rendeva, fruttificava e riceveva. Studiando la storia di una sola religione, si riuscirebbe forse a circoscrivere con precisione sufficiente la funzione e lo svolgimento delle credenze relative alle epifanie telluriche. [...] La coppia divina Cielo-Terra, evocata da Esiodo, è uno dei temi fondamnetali della mitologia universale. In molte mitologie dove il Cielo ha rappresentato o rappresenta la parte divina suprema, la Terra è raffigurata come sua compagna, e abbiamo già visto che nella vita religiosa primitiva si incontra il Cielo un po' dappertutto. [...] La Terra è nostra madre, il Cielo è nostro padre. Il Cielo feconda la Terra con la pioggia, la terra produce i cereali e l'erba».[184]

Prima ancora delle diverse descrizioni mitologiche delle età auree relative alla convivenza degli uomini con gli dei, la letteratura antica ha tramandato un'immagine dell'uomo primitivo e delle sue condizioni primordiali, intorno alle prime età paradisiache, che costituisce l'antipodo scientifico delle illustrazioni evoluzionistiche dell'uomo espresse dalla poeticità di autori che

[184] M. Eliade, *Trattato di storia delle religioni*, Bollati Boringhieri, Gravellona Toce (Vb) 2016, 216-217.

hanno voluto raccontare l'impulso vitale dell'uomo primordiale progredito nelle sue diverse condizioni ambientali e sociali che lo hanno determinato.

L'antropogonia della dottrina scientifica della formazione degli esseri viventi sulla terra raccontata da Lucrezio (I sec. a.c.), per esempio, è ispirata ed ha trovato, plausibilmente, la sua origine nella dottrina già esposta da Diodoro Siculo (I sec. a.c.), storiografo greco dell'età augustea che, a sua volta, si è ispirato alla rappresentazione antropogenica di Democrito (V sec. a.c.). Si tratta di un'ipotesi genitrice del genere umano che si rifà all'idea degli uteri della terra che avrebbero prodotto latte per alimentare i primi uomini.[185] Le funzioni materne della terra, che rientrano in un immaginario mitologico, vengono associate alle ipotesi scientifiche come sfondo dei racconti che riguardano la discendenza dell'umanità dalla terra, Madre primordiale di tutto il genere vivente:

> «Della piuttosto lunga parte che in Lucrezio separa il passo citato dalla descrizione delle condizioni primitive dell'uomo, non abbiamo da leggere ora che i versi dedicati alla straordinaria fecondità della terra, versi che fanno piacere ai darwiniani, poiché implicano la teoria secondo cui vi sarebbe stata una selezione tra gli esseri vitali e quelli meno vitali, in favore dei primi. Infatti, la terra avrebbe prodotto anche esseri non vitali. [...] La dottrina del *survival of the fit* di Lucrezio, costruita su basi non proprio di carattere scientifico, che, del resto, com'è noto, non rappresentano che una selezione da un quadro anche più fantastico. La selezione è stata fatta probabilmente da Epicuro stesso; il modello c'è rimasto nei frammenti dello scritto filosofico di Empedocle. Questi parla della più prodigiosa fecondità primordiale della terra. [...] Ma è già in azione anche l'altra forza primordiale, la Philia, l'Amore, perché le membra mirano all'unione. Intanto, le opere di questa forza le vediamo ugualmente crescere dalla terra».[186]

Si tratta di una visione cosmica che ammette l'esistenza di «esseri totali», ma pur sempre imperfetti, che cercano la perfezione nell'origine che li ha generati, difficile da inquadrare e da decifrare:

> «La parola greca per imperfetto è ατελής, e questa parola non fa parte del vocabolario della filosofia naturale greca. Siamo dunque, per ora, di fronte a un problema aperto: il problema dell'origine di quegli esseri, dato che quell'origine né si ritrova in forma genuina nella

[185] Cf. K. Kerényi, *Miti e misteri. La scoperta dei temi mitologici fondamentali. Il mito come radice e primo archetipo psichico*, Bollati Boringhieri, Gravellona Toce (Vb) 2017, 286-288.
[186] *Ib.*, 288-289.

filosofia, né nella mitologia che passa per mitologia greca classica. [...] Né Greci né Romani ci hanno lasciato un testo mitologico che trattasse, come per esempio il principio della Bibbia, dell'origine dell'uomo».[187]

La terra dunque, unita alla volta celeste, all'universo, costituisce il simbolo primordiale attraverso cui l'uomo accede al mistero del fondamento delle cose, col suscitargli nella coscienza l'esperienza di una forza che lo apre alla sacralità. Il mistero della creazione primordiale non lo si può contemplare senza l'influenza della terra e della sua inesauribile fecondità, poiché è la materia prima del cosmo stesso. Per la religione vedica la terra è fonte dell'essere della vita per le sue funzioni materne. Insieme al cielo, suo compagno, e alla donna, essa rappresenta la divinità suprema perché assimila a sé tutte le qualità legate alla vita: è un campo arato e seminato dal quale si ottiene la raccolta dei frutti, nel suo atto generativo, dopo il lavoro agricolo. Tutto questo costituisce una vera e propria ierofania cosmica; una ierogamia che produce forme viventi come una vera madre dispone di una inesauribile potenza creatrice che dà vita a tutto ciò che da lei fuoriesce, uomo compreso:[188]

> «Una delle prime teofanie della terra in quanto tale, specialmente in quanto strato tellurico e profondità ctonia, fu la sua "maternità", la sua capacità inesauribile di dare frutti. Prima di essere considerata una dea madre, una divinità della fecondità, la terra si è imposta direttamente come Madre, *Tellus Mater*. L'ulteriore evoluzione dei culti agricoli, mettendo in chiaro con precisione sempre maggiore la figura di una Grande Dea della vegetazione e dei raccolti, finì col cancellare le tracce della Terra –Madre. In Grecia Demetra si sostituì a Gea. Nondimeno i resti dell'antichissimo culto della Terra-Madre affiorano nei documenti arcaici ed etnografici».[189]

Se è vero però che la Terra è Madre, che ha generato ogni forma vivente traendola dalla sua sostanza, compreso l'uomo associato al binomio *homo-humus*, binomio che esprime la sua provenienza dalle viscere della terra e il suo tornare ad essa, alla sua casa originaria, con la morte; è anche vero che, nonostante la stretta appartenenza, l'uomo è consapevole che il ciclo della Terra-Madre è chiuso: nasce da lei e a lei ritorna sterile ed inerte, con la morte.[190]

---

[187] *Ib.*, 290-291.
[188] Cf. J. Ries, *Alla ricerca di Dio. La via dell'antropologia religiosa*, Jaca Book, Milano 2009, 97-98.
[189] M. Eliade, *Trattato di storia delle religioni*, 222.
[190] Cf. *ib.*, 229-230.

In linea con la concezione antiidolatrica della terra raccontata dalla Sacra Scrittura (accennato nel primo capitolo), la sacralità della terra è percepita dall'uomo limitata e limitativa, incapace di soddisfare da sola le attese inspiegabili dell'uomo. È incapace, da sola, di dare risposte cercate nell'inevitabile confronto con il Sacro.

Nella costituzione conciliare *Gaudium et Spes* leggiamo:

> «In faccia alla morte l'enigma della condizione umana raggiunge il culmine. L'uomo non è tormentato solo dalla sofferenza e dalla decadenza progressiva del corpo, ma anche, ed anzi, più ancora, dal timore di una distruzione definitiva. Ma l'istinto del cuore lo fa giudicare rettamente, quando aborrisce e respinge l'idea di una totale rovina e di un annientamento definitivo della sua persona. Il germe dell'eternità che porta in sé, irriducibile com'è alla sola materia, insorge contro la morte. Tutti i tentativi della tecnica, per quanto utilissimi, non riescono a calmare le ansietà dell'uomo: il prolungamento di vita che procura la biologia non può soddisfare quel desiderio di vita ulteriore, invincibilmente ancorato nel suo cuore. Se qualsiasi immaginazione vien meno di fronte alla morte, la Chiesa invece, istruita dalla Rivelazione divina, afferma che l'uomo è stato creato da Dio per un fine di felicità oltre i confini delle miserie terrene».[191]

Quanto asserito dalla costituzione Concilio Vaticano II è un'affermazione che vale per ogni uomo, di ogni tempo. Gli studi della paleoantropologia, infatti, confermano che l'uomo, nella sua coscienza riflessa, è sempre stato cosciente di saper creare, di realizzare cose che prima di lui non esistevano. Nonostante ciò, l'angoscia per la paura della morte non è mai venuta meno. Motivo per cui l'uomo ha da sempre interpretato simbolicamente la realtà e il cosmo, da lui abitato:

> «Tutte le testimonianza archeologiche più antiche che possono essere considerate come aventi un rapporto con il pensiero religioso sono orientate verso la volta celeste, verso il sole, verso la luna, verso le stelle. Esse costituiscono delle testimonianze che possiamo chiamare preludi alle religioni cosmiche. [...] In piedi, cosciente della propria esistenza, desto al simbolismo, artigiano e creatore di cultura, l'uomo non ha cessato di contemplare la volta celeste. Ne ha ammirato i colori, la profondità, l'infinito. [...] La contemplazione della volta celeste ha fatto entrare in gioco la capacità simbolica dell'uomo ed egli ha scoperto un simbolismo primordiale: la Trascendenza, la Forza, la Sacralità. L'*Homo erectus* si è trovato di fronte alla

[191] *Gaudium et spes* 18.

prima ierofania, rivelata alla sua coscienza attraverso il simbolismo della volta celeste. Non abbiamo qui forse la chiave di un fatto quasi universale nella storia del pensiero dei popoli, la fede in un Essere divino celeste, creatore dell'Universo e garante della fecondità della Terra?».[192]

Possiamo dunque asserire che il carattere religioso dell'uomo è contemporaneo alla sua coscienza, come dato assodato e normale della sua esistenza. Il carattere sacrale dell'uomo si caratterizza per il fatto di sottrarsi al razionale configurandosi, come momento ineffabile, a qualcosa di totalmente inaccessibile alla comprensione della ragione. Il Sacro, nell'alienarsi dalla morale, è un'eccedenza di carattere universale che può solamente essere vissuto come sensazione, come sentimento, obbligatorio e necessario per l'uomo:

«Per questo vorrei forgiare il termine seguente: *numinoso*. [...] Poiché è assolutamente *sui generis*, questa categoria non è definibile in senso stretto, come non lo è nessun dato fondamentale originario, ma ha soltanto un carattere evocativo. Si può aiutare coloro che intendono comprendere questa tesi solo tentando di portarli, con una sorta di evocazione, fino a quel punto della loro particolare sensibilità in cui quell'esperienza sorge in loro spontaneamente ed essi ne divengano consapevoli. Si può favorire questo procedimento cercando di suscitare in loro stati d'animo simili o anche esperienze specifiche opposte, già conosciute e riconoscibili in altri ambiti d'esperienza. [...] in senso stretto, non lo si può insegnare, ma soltanto stimolare, suscitare, come tutto ciò che viene dallo Spirito».[193]

Il numinoso è qualcosa che in se stesso è ir-razionale, non chiarificabile, ma che è in grado di suscitare nell'animo dell'uomo una reazione emotiva che scuote il suo sentimento creaturale. L'uomo si sente investito da una alterità, non esperibile, che lo provoca dall'interno e lo spinge

---

[192] J. Ries, *Alla ricerca di Dio. La via dell'antropologia religiosa*, 60-61. Lo stesso (cf. 63-68) parla di rituali presso i Neandertaliani ed anche tra gli abitanti della regione della Melanesia mantenuta fino alla nostra epoca, dove i crani dei defunti venivano modificati per ricevere degli occhi artificiali necessari al defunto per la sua nuova vita ultraterrena, dopo la morte. Così come, a suggellare la fede in una vita ultraterrena, gli studi dei dipinti delle grotte cantabriche ad opera di Francisco Jordà Cerdà di Salamanca è giunto alla conclusione che essi sono rappresentazioni mitiche simboliche e rituali in relazione con la fecondità, la procreazione, la difesa. Queste rappresentazioni costituiscono dunque un'esperienza del sacro, poiché l'uomo cerca l'aiuto in forze trascendenti evocate dai simboli. Tutta questa documentazione orienta verso la spiegazione del sacro nella comunità umana del Paleolitico. E ancora, la presenza delle ceramiche nelle sepolture neolitiche ci fornisce la prova di depositi alimentari. La tomba è dunque il punto di partenza della vita ultraterrena. Questi depositi alimentari non si trovavano dove i crani sono disposti separati dai corpi. Ciò sembra indicare che si conoscevano tre forme di sepoltura: la sepoltura semplice, la sepoltura collettiva e la deposizione dei crani. Questi pochi indizi relativi alle sepolture del Neolitico sono significativi dell'impatto della fede nella vita ultraterrena nella società neolitica.

[193] R. Otto, *Il sacro. Sull'irrazionale nell'idea del divino e il suo rapporto con il razionale*, Morcelliana, Brescia 2011, 32-33.

verso la ricerca del Sacro, verso qualcosa che lo orienta al di là di sé, presentandosi ad esso come qualcosa dal carattere «tremendo»:

> «ciò che, anche a prescindere da questi sentimenti concomitanti, può qualche volta commuovere e riempire il nostro animo con una forza quasi sconvolgente; seguiamo questo sentimento provandolo e partecipandovi con immedesimazione assieme a coloro che stanno intorno a noi nei grandi trasporti religiosi e durante le espressioni emotive che seguono. [...] solo una ci potrà apparire la vera espressione possibile: il senso del ***mysterium tremendum***, del mistero tremendo. Il sentimento che ne consegue può penetrarci l'animo con un dolce flusso, sotto forma di una sensazione riposante e fluttuante, propria di un raccoglimento profondo. Può invadere l'anima tramite una risonanza che scorre continua e si mantiene a lungo vibrando, finché si spegne per lasciare di nuovo l'anima al suo mondo quotidiano».[194]

È un continuo ritorno pre-potente che investe l'uomo, divenendo per lui occasione di superamento del finito. Un passaggio vissuto nell'esperienza silenziosa e riverente nei confronti di ciò davanti al quale la creatura, l'uomo, si arresta perché sperimenta di stare dinanzi a qualcosa che supera il suo essere semplice creatura finita. Una esperienza che si traduce in paura che paralizza e, al tempo stesso, anima la sua volontà di agire orientandola verso la ricerca di ciò che si diffonde nelle sue membra e che invade e permea ogni facoltà del proprio essere. L'esistenza umana non può prescindere dalla ricerca e dall'essere governata dal Sacro, dalla forza misteriosa che anima e muove l'uomo e la sua necessità di creare legami:

> «È una delle convinzioni di base di tutte le religioni e della religione in sé che sia possibile anche questo secondo aspetto: che cioè non solo il sacro sia testimoniato dalla voce interiore, dalla coscienza religiosa, dallo spirito che sussurra leggero nel cuore, dai presentimenti e dagli struggimenti, ma lo si possa incontrare in particolari eventi, situazioni, persone, nella concretezza di un'autorivelazione; che ci sia insomma, accanto a una rivelazione interiore scaturita dallo spirito, una rivelazione esterna del divino. Il linguaggio religioso chiama segni questi elementi concreti e queste manifestazioni del sacro».[195]

Si tratta della consapevolezza che non può essere spiegata con le sole leggi naturali poiché, la manifestazione del Sacro, è un processo che esula dalla cosificazione razionale di un qualunque evento naturale, fenomenico. È piuttosto un processo che affonda le sue radici

---

[194] *Ib.*, 39.
[195] *Ib.*, 183.

nell'extranaturale, mostrandosi come tale nell'irrigidimento del sentimento religioso che si impone allo spirito dell'uomo come voce che sfida ogni opposizione razionale che ostenta indifferenza verso la cosificazione dell'esperienza di Dio.

Il sentimento del Sacro, percepito come ir-razionale ed inattingibile, si qualifica come realtà dalla caratteristica *tremendum*, dal fondamento oscuro ma anche reale, nel suo darsi in maniera affascinante ed attraente, che viene ad essere oggettivato dall'uomo nella peculiare necessità che determina la sua realizzazione.

Il Sacro è ciò che dà senso alla vita dell'uomo, è il «luogo» dove egli trova il fondamento trascendente che garantisce la sua sopravvivenza anche dopo la morte. Solamente l'apertura al trascendente può esorcizzare la paura dell'ultimo ed imbattibile nemico dell'uomo: la morte. Il senso della vita trova possibilità di dialogo con il futuro dell'oltretomba solamente nella ricercata comunione con il Sacro.

Il pasto, nella sua «forma», ha assunto nel tempo il compito di mediare la relazione tra Dio e l'uomo. La paura della sopravvivenza, al di là dell'esaurimento delle provvigioni alimentari, ha impresso nell'uomo il timore che venissero meno i presupposti «alimentari» necessari per dare nutrimento alla motivazione per la quale egli stesso esiste e vive:

> «L'umanità giovane non solo ha paura di sentire esaurire le proprie energie, cosicché ricorre al cibo, ma vive anche nel continuo timore di vedere esaurire le sorgenti stesse del cibo, situati nei campi, nella natura. Non si tratta, soltanto, di mangiare e di bere ma si tratta, anche, di conservare i presupposti affinché il cibo e la bevanda non vengano mai meno. Per millenni, l'uomo ha avuto paura che il sole, calando all'orizzonte, non sorgesse più ad illuminare la terra; che fosse sovvertito e soppresso il ciclo delle piogge, con la conseguenza che le piante alimentari avrebbero potuto scomparire. In questa inquietudine, egli escogitò il modo di offrire le primizie, a volte umane, per far sì che la potenza della natura, e conseguentemente la potenza dei raccolti del pasto, datori di vita, non avessero a venir meno».[196]

Nella cultura greca, così come in quella etrusca e romana, il pasto non è mai stato vissuto come appuntamento materiale e formale; esso è sempre stato pensato ed elevato ad appuntamento con il divino. Un'occasione per stare alla presenza di Dio vissuta nella gioia di partecipare spiritualmente al suo banchetto, in un clima di festosità:

---

[196] M. Bacchiega, *Il pasto sacro. Dal cannibalismo rituale all'ostia consacrata*, Bastogi, Foggia 1982, 53.

«Si può avvertire la festosità di un pranzo preparato e consumato con dedizione anche nel più semplice mangiare. In questo senso il mangiare in sé è la materia di una possibile festa. E l'espansività dei partecipanti trova le sue forme di manifestazione naturali nel canto e nella danza con la spontaneità con cui essa nasce durante il banchetto stesso. Ma il pasto antico – quello dei Greci, degli Etruschi, dei Romani – non è mai puramente materiale e formale: esso è sempre riferito a una presenza divina, a uno o più partecipanti spirituali che lo godono insieme con i banchettanti umani, e appunto perciò esso diventa una festa pienamente realizzata».[197]

Il banchetto era il luogo dove si invitavano gli dèi e l'uomo poteva stare alla loro presenza nell'evento festivo della convivialità, il cui presupposto era fonte di sacralità. Un'unione, dal carattere mistico, raggiunta nella consumazione del pasto insieme agli dèi. Un atto grande e tremendo per l'uomo che, in cerca di cibo, aveva capito di essere stato concepito da una mente Titanica, divina, che ha dato inizio alla conversazione con la vita umana.

Il pasto assume la connotazione di Sacro dal momento in cui è accreditato, da chi lo consuma, strumento efficace per giungere alla maturità, al superamento della vita stessa, il cui apice tocca il raggiungimento di un livello i cui valori sono più intensi, nettamente maggiori del solo bisogno di cibarsi per sopravvivere:

«Ed è nell'avvento di questo choc, il punto cruciale della sacralità del pasto. È a questo punto che il pasto normale, inteso come pura sommazione di energie, acquista la nuova componente del sacro, come salto di livello. L'iniziando deve superare una fase di orrore. Mangiare carne umana, o bere il liquido cadaverico, implica per chiunque, primitivo o no, il superamento del limite umano normalmente invalicabile. La rottura di questo limite, mediante l'utilizzazione del disumano, è sempre un fatto straordinario, che conduce al di là dell'umano, al compimento cioè dell'atto estremo, che apre all'esperienza del sacro. L'umano è diventato sovrumano».[198]

Non si tratta, dunque, dell'assunzione di cibo per compensare le energie biologiche sufficienti per la sopravvivenza quanto, piuttosto, del desiderio di abitare, di fare esperienza, della dimensione ultraterrena di cui il trapassato (mangiato) fa parte. Una ritualità dal carattere sacrale che, nella credenza primitiva e non, rendeva possibile a chi si nutriva del defunto di attingere a quella vitalità propria della vita ultraterrena intuita. Una modalità che forza le

---

[197] K. Kerényi, *Miti e misteri. La scoperta dei temi mitologici fondamentali. Il mito come radice e primo archetipo psichico*, 146.

[198] M. Bacchiega, *Il pasto sacro. Dal cannibalismo rituale all'ostia consacrata*, 59.

barriere misteriose della morte e rende vittorioso colui che, per mezzo del pasto consumato come ricerca del Sacro, riesce a superare il limite stesso della morte. Un rafforzamento dell'esistenza nell'ottenere, come possesso irreversibile, familiarità con il mondo sovratemporale della morte:

> «A volte chi viene mangiato non è il nemico, ma è invece l'amico, un componente della famiglia o del clan. In tal modo il pasto sacro mira a realizzare l'esperienza del superamento della morte attraverso l'integrazione del morto nell'insieme del gruppo. Se il congiunto viene divorato, egli non se ne va, ma resta nel gruppo, e tutto questo dà sollievo all'angoscia del distacco operato dalla sua morte e fa sentire, a tutti i vivi, che la vita continua. Inoltre, attraverso un pasto, di questo genere, il gruppo si arricchisce di un maggior potenziale di vita diversa, quella che è propria dell'al di là».[199]

Il pasto è considerato Sacro nella misura in cui è assunto dall'uomo come nutrimento dello «spirito», quando cioè è elevato a causa di trasformazione interiore di colui che ne consuma. Una battaglia combattuta, biblicamente, per l'acquisizione della propria personalità, attorno al mangiare o meno ciò che da Dio gli fu elargito e proibito.

Il cibo è l'unico sostegno idoneo capace di garantire la vittoria dell'uomo sulla forza dissolutrice del serpente, sulla sua morte perpetua, per vivere da creatura chiamata alla partecipazione attiva della vita di Dio.

L'uomo è investito della responsabilità di vigilare e di vincere ogni tentazione che lo spinga all'isolamento, alla solitudine, a cibarsi cioè per la sua sola sopravvivenza egoistica.

Sociologi, storici e antropologi considerano la mensa comunitaria luogo fondamentale per la formazione dell'identità di un qualsiasi gruppo. Mangiare è più di un fatto biologico, soprattutto quando è svolto in compagnia. È un atto in cui il cibo si muove da una posizione esterna ad una interna, caratterizzando la persona.[200]

---

[199] *Ib.*, 61.

[200] Cf. E. Kobel, *Dining with John. Communal meals and identity formation in the fourth gospel and its historical and cultural context*, Brill, Boston 2011, 37. Lo stesso asserisce (cf. 37-39) che discussioni accademiche sull'importanza di come, cosa, dove, quando e con chi l'essere umano mangia iniziano ad emergere nel campo dell'antropologia negli anni '60. Per esempio, studi del sociologo Lévi-Strauss, influenzato dalle teorie della linguistica strutturalista, hanno cercato di intendere il cibo come un sistema culturale. Egli affermò che il "gusto" è culturalmente formato e socialmente controllato; considerava le operazioni culinarie basiche come peculiari del genere umano e perciò un fattore che lo distingueva dagli animali. Egli collega questa visione alla differenza tra cultura e natura. Il famoso "triangolo culinario" di Lévi-Strauss è un diagramma che descrive il modo in cui il (cibo) cotto è una trasformazione culturale del crudo, mentre il marcio è una trasformazione naturale sia del cotto sia del crudo. Nonostante le critiche di eruditi successivi, l'opera di Strauss è diventata altamente influente, soprattutto grazie all'assunto che il cibo non sia solo "buono da mangiare", ma anche "buono per pensare". Cibo e cibo sono metafore per il senso di un essere umano (il suo o lei), delle relazioni sociali e politiche e della

L'effetto del cibo si impone all'uomo come qualcosa dalla potenzialità tenacemente irresistibile per la sua affermazione di individuo deciso ad esistere. E perché ciò avvenga, egli ha bisogno di cibarsi di un «pasto» che gli garantisca sicurezza e forza sufficiente per superare l'angoscia della sua precarietà dinanzi alla solitudine, dinanzi alla morte.

Un «pasto» capace di vincere la paura derivante dall'isolamento a cui l'«io» è costantemente inclinato; un salvatore che consolidi la personalità dell'uomo, allontanandolo dal pericolo della soggettualità della minaccia di ripiegamento su se stesso, dagli effetti durevoli e reali per la sua esistenza, consumata, come in una grande mensa, in un «pasto comunionale»:

> «L'io prendendo consistenza, si differenzia dal mondo, e accetta la rivolta nei confronti del mondo. È l'affermazione, non tanto di un differente modo di pensare, ma soprattutto di un differente modo di essere. L'uomo che ha "molto mangiato", ha spezzato il vincolo con la natura e con gli altri. È divenuto "grasso" e pensa in modo personalistico, autonomo. [...] L'uomo ideale di Nietzsche, il superuomo, il titano, non è l'uomo del futuro, ma quello del passato, prepotente e oppressore, tuttora largamente presente nella nostra epoca che conserva questa adolescenza e questa immaturità. [...] L'evoluzione sociale conduce alla comunione delle emozioni, dei desideri, ad una osmosi delle personalità tra loro».[201]

Il titano, per quanto forte possa diventare con il nutrirsi alla fonte dell'autonomia di chi basta a se stesso, non troverà mai il giusto equilibrio che lo allontani definitivamente dalla sua propria disfatta. Il ritorno della «fame» lo spinge a saziarsi del «cibo» della riconciliazione, del «cibo definitivo», facendolo volgere nuovamente al «mondo» come un bimbo alla madre.[202]

Dopo la deludente esperienza dell'isolamento superbo, l'uomo, nella sua maturità, abita una nuova realtà dentro la quale integra per sé un «pasto completo», una modalità nuova di cibarsi che nutre la sua riconciliazione e il suo prosieguo vitale con la natura e con Dio.

---

cosmologia. Negli ultimi due decenni, gli studiosi hanno anche ricercato e teorizzato riguardo al social dining. È stata data crescente attenzione al cibo e bere nei loro contesti sociali contemporanei e storici. Gli studiosi si sono concentrati sul mangiare e sul bere come atti di identificazione, differenziazione e integrazione.

[201] *Ib.*, 69.

[202] Secondo la concezione orfica, i titani accumulano una colpa della quale, gli uomini, che da loro discendono, devono subire un processo di purificazione. Così pure, nel mito greco, gli uomini, nati dal seme dei titani, saranno abbattuti da Zeus. Così pure la tragica vicenda di Adamo del suo conflitto con Dio. [...] L'eroe, illuminato inizialmente da una componente quasi divina, da solo crolla. La disfatta è inevitabile perché, puntualmente, giunge anche per il titano il momento della fame e della debilitazione. Finché l'uomo ha il «suo pasto» sarà soddisfatto e sereno. Con il giungere inevitabile della fame, giunge anche la debolezza, l'insicurezza, una prigionia senza grazia. Un nuovo tipo di fame, vero come la storia, come gli insuccessi, sconfigge il titano. [...] Ma alla fine nel crollo, giunge la necessità di riconciliarsi col mondo, dal quale il titano mirava a contrapporsi nel momento della sazietà. La riconciliazione è una smentita dell'atteggiamento di prima. La riconciliazione è frutto dell'insicurezza, della paura, della fame (cf. M. Bacchiega, cit. 70).

Una nuova forma di dualismo lo contrappone al divino, da cui consegue una nuova implicazione con e nel mondo che lo vede partecipe attivamente nel dialogo con Dio. La fame è una forza che ritma ogni impulso vitale dell'uomo e, nei suoi alti e bassi, egli si riconosce bisognoso di cibo per la sua stabilità esistenziale:

> «Questa ricerca di fondo è spesso denunciata miticamente allorché gli eroi bambini, avendo fame, vengono allattati e nutriti da lupi, giumente, capre, cagne, dite divine dalla quale stilla il latte ecc. E si sa che, nel mito, il bambino che mangia, è il simbolo di un'esigenza assolutamente primaria, quella della fame e del pasto. Sappiamo inoltre che la "ricerca di energia", è il nucleo fondamentale chiarificatore di ogni tipo di fame; e sappiamo anche che il pasto, è fondamentale "appagamento" di tutti i tipi di fame. Tutte le altre componenti, ora ricordate, delle quali si occupano la psicologia, la sociologia, l'antropologia, l'etnologia, ecc., sono gli alti e i bassi della fame».[203]

Il «pasto Sacro» è la modalità assunta dall'uomo per la maturità della propria personalità, per la scoperta della propria identità. Il bisogno di nutrirsi assume il significato dello stare in comunione con le energie dell'universo, essere cioè aperti al cosmo. In questo senso, la comunione dell'uomo con il cosmo è intesa come il cibarsi di ogni forma di energia che l'universo gli offre. Una iniziativa attiva che vede l'uomo impegnato nella conoscenza di tutto ciò che lo circonda. Ma, allo stesso tempo, se l'uomo si nutre del cosmo, nella logica comunionale, anch'esso, a sua volta, è divorato dalla inesorabile evoluzione del cosmo.[204] Comprendere ciò significa abitare una logica esistenziale, accessibile all'intelletto, il cui livello cognitivo dispone l'uomo in una inedita prospettiva di «essere energia per altri»:

> «Attraverso questa via passiva, noi partecipiamo a profonde esperienze vitali, mediante le quali incominciamo ad intravvedere delle soluzioni al dramma della nostra vita e della nostra morte. L'essere mangiati è un sacrificio talmente spaventoso e reale, il cui minimo inizio ad una sua comprensione, è anche l'inizio della comprensione del mistero dell'esistenza e della

---

[203] *Ib.*, 74.

[204] A tal proposito la mensa è la linfa vitale della coesione sociale, dell'integrazione e della differenziazione, ed è ingrediente attivo nei legami percepiti dagli umani con il sacro e il soprannaturale. Sia il cibo che l'alcol costruiscono e valorizzano le persone e il loro senso di appartenenza, sono le basi dell'identità sociale. Diversi studiosi della Sacra Scrittura hanno usato approcciarsi ad altre discipline delle scienze umane e delle scienze sociali per indagare sul ruolo del cibo, delle bevande e dei pasti in comune nella Scrittura, prevalentemente nel Nuovo Testamento. Il principale e centrale punto su cui gli studiosi concordano è che l'importanza della comunità pasti, caratteristica di praticamente qualsiasi comunità in qualsiasi momento o luogo, si applica anche nell'antichità (cf. E. Kobel, cit., 40-41).

morte. Nel momento in cui io mi "faccio mangiare"; nel momento in cui mi lascio consumare dalla sofferenza e dalla malattia, straziare come vivanda dell'universo, sento, ad esempio, sciogliersi in me le illusioni, che io sia qualche cosa di importante in questo mondo. [...] Essa è una reale trasfigurazione interiore, per cui ogni valore limitato, sia pure importante, si attenua o scompare».[205]

Un incredibile sforzo di abnegazione gli è richiesto perché nella sua continua ricerca del trascendente, della sua attesa e presenza percepita nella sua vita, Dio possa divenire presenza certa, nel suo esporsi senza alcun riparo, dinanzi alla salvezza o alla morte.

Uno sforzo che lascia l'uomo solo, nella sua solitudine, nella quale egli si restituisce alla radicale nudità originaria. In questa condizione di scopertura egli capisce di non poter far nulla, da solo, per la propria salvezza, per la propria personale pienezza di senso creaturale. Solo la novità di un evento singolare e gratuito divino, la cui iniziativa e modalità di darsi non è data da sapere nella sua totalità, può consentire all'uomo di corrispondergli nella scopertura della Sua Parola, che si dona come cibo.

3.2 Fame di...Dio?

L'uomo, nel vivere la sua fede, sa di essere in possesso di un avvenire non inteso come il susseguirsi di anni, ma come il raggiungimento di uno stadio superiore di una vita che continua in un grado superiore. Sin dalle sue origini primitive egli ha sempre cercato di invadere e di superare tutta la realtà a lui manifesta, ed ha sempre cercato di elevarsi alla percezione intuita, aprendosi a dimensioni nuove, dal carattere unitivi, rispetto ai vecchi e sempre presenti valori della mitologia Titanica così come quella biblica della torre di Babele dell'autosufficienza disgregativa (cf. Gn 11,1-9), affidandosi al suo slancio interiore:

«Resta il fatto, presentemente, uno stesso slancio interiore fondamentale, la Fede dell'uomo, appena nato nei nostri cuori, tende a esprimersi, a dividersi in due atteggiamenti spirituali apparentemente divergenti: qui uno spirito (chiamiamolo "cristiano") di dono e di unità, centrato sull'attesa di un'Apparizione a venire; e là uno spirito prometeico o faustino, di autoadorazione, centrato sull'organizzazione materiale della Terra. Sussiste un equivoco. [...]

[205] *Ib.*, 88-89.

tutto avviene in modo conflittuale come se la forma prometeica di fede fosse attorno a noi la sola, o almeno la più attiva».[206]

La ricerca dell'unità, nella fede vissuta come presa di distanza dalla tentazione conflittuale della forma prometeica, proietta inesorabilmente l'uomo in avanti nel progresso di rimanere unito a se stesso, lasciandosi alle spalle le ragioni di sangue che lo vincolano alla ricerca (egoistica) di sé nella frammentazione idolatrica che cerca ragioni vitali in tutto ciò che sussiste attorno a lui. Consapevolezza, questa, forzata dal bisogno e dalla paura che segnano, superficialmente, il bisogno innato dell'uomo nel ricercarsi dal di dentro di sé come momento secondo che lo apre alla fede e lo orienta nel turbine della disumanizzazione verso la sovraumanizzazione dell'intensificarsi della sua possibilità di comprendere, di amare:

«Fin nelle zone più spiritualizzate del nostro essere, senza dubbio, sussistono certe necessità interiori che inducono inesorabilmente a proseguire senza fermarci la nostra marcia in avanti. Quale potenza al mondo è mai riuscita a impedire che crescesse un'idea o una passione, una volta che essa sia comparsa? A questo determinismo di fondo si aggiunge e si allea incontestabilmente, a misura che la nostra Riflessione cresce, una possibilità per l'uomo di sottrarsi o rifiutare ciò che non gli paia soddisfare né il cuore né la ragione».[207]

È l'azione del desiderio che alimenta il bisogno dell'umanità di giungere alla sua totalizzazione, intuita come necessità vitale. Un'azione il cui movimento è dall'alto, dal carattere sovraumano, che incontra il movimento conoscitivo dal basso dell'uomo, divenendo per lui slancio convergente la cui forza unitiva è capace di dare senso, come movimento in avanti, alla ricerca di pienezza:

«a partire dall'uomo, sono le forze di *invenzione* che hanno cominciato a prendere in mano le redini dell'Evoluzione. Cambiamento tutto interiore e senza ripercussione diretta sull'anatomia; [...] Ciascun elemento pensante della Terra è condannato a decrescere e morire; come potrebbe allora la somma di tutti loro, cioè l'Umanità, non invecchiare anch'essa, per le stesse ragioni, a sua volta? [...] ho sempre supposto che nella Noosfera, come nella Biosfera, si mantenesse costante il bisogno o volontà di crescere. Nessuna selezione naturale e ancor

---

[206] P. T. de Chardin, *L'avvenire dell'Uomo*, Jaca Book, Milano 2011, 160.
[207] *Ib.*, 243.

meno di invenzione riflessa, se l'individuo non si orienta dall'interno verso il "super-vivere" o almeno il sopravvivere».[208]

A tal proposito, mi sembra opportuno citare un'espressione della costituzione conciliare *Gaudium et Spes* per mezzo della quale il Concilio ha voluto evidenziare la ricaduta effettiva sull'uomo della rivelazione:

> «In realtà solamente nel mistero del Verbo incarnato trova vera luce il mistero dell'uomo. Adamo, infatti, il primo uomo, era figura di quello futuro (Rm5,14) e cioè di Cristo Signore. Cristo, che è il nuovo Adamo, proprio rivelando il mistero del Padre e del suo amore svela anche pienamente l'uomo a se stesso e gli manifesta la sua altissima vocazione. Nessuna meraviglia, quindi, che tutte le verità su esposte in lui trovino la loro sorgente e tocchino il loro vertice. Egli è "l'immagine dell'invisibile Iddio" (Col1,15) è l'uomo perfetto che ha restituito ai figli di Adamo la somiglianza con Dio, resa deforme già subito agli inizi a causa del peccato. Poiché in lui la natura umana è stata assunta, senza per questo venire annientata per ciò stesso essa è stata anche in noi innalzata a una dignità sublime».[209]

La capacità dell'uomo di aprirsi alla conoscenza di se stesso, immerso in una realtà cosmica complessa, è condizione necessaria per il trascendente, per la rivelazione, perché si doni a lui come atto dell'autorivelazione di Dio, come azione del Suo libero Amore.

Dio nel rivelarsi all'uomo nella persona di Gesù Cristo, si manifesta a lui come l'unico punto di riferimento dinanzi al quale ogni cosa che lo circonda mostra la propria provvisorietà che cerca significato solamente nel rapporto biunivoco con l'Assoluto, in un cammino verso la pienezza, verso l'autotrascendenza del compimento del cosmo. Tale rimando, compreso dall'uomo, permette il superamento dell'ostacolo dell'autodeterminazione perché lo proietta verso un futuro inedito, lontano da ogni sua possibile categorizzazione, infinito nella sua dimensione.

È nel tempo, nella storia, che si fonda per l'uomo la recettività di Dio. Nell'incarnazione del Figlio, il tempo ricevuto dal Padre è solamente per Dio: nel Figlio, nella persona di Gesù Cristo, viene rivelato all'uomo la sua pienezza, nella sua temporalità. Cosicché il tempo non è vuoto ma pieno nella continuità relazionale con Dio Padre. La pienezza del tempo è per l'uomo accessibilità a Dio, è svuotamento dal peccato nel vivere la fede come atteggiamento di rinuncia

[208] *Ib.*, 259-261.
[209] *Gaudium et Spes* 22.

a se stesso e alla propria verità. Anteponendo a sé la verità di Dio, l'uomo fa esperienza del fatto che il donarsi di Dio non si esaurisce, nemmeno nel futuro atemporale del faccia a faccia con Lui.[210]

La fede, misticamente vissuta, è esperienza quotidiana solidale e inclusiva. È il fattore che chiarifica il significato dell'essere stati riempiti, nella creazione, dall'«alito di vita» (cf. Gn 2,7), dal respiro di Dio che, attivandosi nel vivente, ne perfeziona e porta a compimento la sua esistenza attraverso la codifica dei suoi sensi.[211]

Attraverso l'uso dei sensi l'uomo sperimenta la tangibilità di Dio, il suo darsi a lui da vivere nella carne, nella percettibilità del vivente che non può esimersi dalla relazionalità vissuta nel tempo, nella storia:

> «In verità, la storia è guidata non tanto da una serie di fatti affastellati gli uni sugli altri, quanto da queste prese di coscienza collettive, magari massicce, che fanno superare di colpo agli uomini spazi spirituali per lungo tempo insospettati. L'uomo allora scopre se stesso nell'infinita plasticità della sua natura, secondo la legge dello Spirito perennemente inventore, sempre creatore, fino nella profondità dei principi costitutivi della natura. [...] Né la natura né la storia possiedono la capacità di rivelare il mistero di Dio; la sua Parola viene "dall'alto", per l'iniziativa d'un amore gratuito, che s'impegna in una comunione amorosa. La grazia è grazia e la storia profana non è fonte di salvezza».[212]

L'azione dello Spirito non può non tradursi nella storia, nella tradizione vivente dell'uomo. Nonostante l'invincibile trascendenza di Dio, essa stessa si adopera per incontrare l'uomo nella sua interiorità, nella dimensione di essere *capax Dei*, nella sua natura predisposta a partecipare dell'amore divino che si dona nella Sua gratuità e che si lascia percepire come bisogno di nutrimento che cerca risposta, che cerca sazietà.

Il corpo, con le sue necessità, è la misura delle cose nella dinamicità dell'esistenza concreta della vita. È il supporto della vita, del bene supremo, attraverso il quale l'uomo partecipa delle attività del cosmo prima ancora di comprenderlo; è il luogo dal quale si ha la visione del mondo, da cui ha inizio il processo della conoscenza, della relazione. È lo spazio che pone le condizioni per la scoperta dell'identità, che orienta l'individuo verso l'altro, verso l'esterno. La dualità corporale non può essere intesa in sé nell'opposizione anima-corpo, come interiorità ed

210 Cf. H. U. von Balthasar, *Teologia della storia*, Morcelliana, Brescia 1969, 31-34.
211 Cf. J. T. Mendonça, *La mistica dell'istante*, Vita e Pensiero, Milano 2015, 16-18.
212 M. D. Chenù, *La Chiesa nel mondo. I segni dei tempi*, Vita e Pensiero, Milano 1965, 19-25.

esteriorità. Il corpo, nella sua totalità, è l'«interno» che entra in relazione con l'«esterno», con il cosmo. Nel corpo l'esperienza religiosa, la manifestazione del divino, si coglie come imprevista esperienza che anticipa e sorprende l'uomo con il condurlo ad usare tutte le facoltà corporali nelle quali riconosce, come risposta adeguata, l'intervento della potenza divina che le attraversa e le riempie di significato.[213]

L'attività somatica del cibarsi è una delle azioni maggiormente riconosciuta dall'uomo come apertura al trascendente. Un'attività i cui effetti provocano una ricaduta sulle aspettative di chi, nella condivisione di uno stesso banchetto, in esso si ritrova immerso.

3.3 La convivialità di Gesù

La persona di Gesù, durante la sua attività missionaria, considerava la mensa appuntamento necessario; punto di partenza per lasciare intraprendere, a quanti erano desiderosi di ascoltarlo, la relazione con Dio nella Sua sempre inedita novità.[214] Egli, nel disporsi in sintonia con i suoi uditori, assumeva un ruolo dominante nei confronti di chi lo ospitava attorno alla mensa del cibo che gli veniva offerto. La mensa diveniva così luogo di incontro e di scambio di pace (cf. Lc 10,5-7), di armonia tra i commensali. Al cibo che veniva manducato Gesù associava la Sua Parola, se stesso, insieme ad uno sguardo che penetrava i commensali suscitando in loro nostalgia e desiderio di autentica umanità, argomento centrale dell'annuncio del Regno di Dio, dei tempi ultimi.[215]

La mensa è stata assunta da Gesù come luogo privilegiato per far conoscere la Sua identità, la Sua intima vita intratrinitaria con Dio Padre, il Suo essere totalmente per l'Altro, il Suo essere unità in sé nell'autonegazione che realizza pienamente la Sua affermazione in una vita condivisa, mai senza l'Altro:

> «L'amore è autonegazione dell'essere, affermazione dell'altro da parte di questo stesso essere, e però, proprio attraverso questa sua autonegazione viene realizzata la sua suprema autoaffermazione. La mancanza dell'autonegazione o dell'amore, cioè l'egoismo, non è la reale autoaffermazione dell'essere, è solo un'aspirazione infeconda e irrealizzabile o uno sforzo teso all'autoaffermazione, il che fa sì che l'egoismo sia appunto la fonte di tutte le

---

[213] Cf. G. Bonaccorso, *Il corpo di Dio*, Cittadella, Assisi 2006, 10-16.
[214] Cf. J. T. Mendonça, *La mistica dell'istante*, 73-75.
[215] Cf. A. Destro – M. Pesce, *L'uomo Gesù*, Mondadori, Milano 2008, 101-105.

sofferenze; l'effettiva autoaffermazione, invece, si raggiunge soltanto nell'autonegazione, così che entrambe queste determinazioni sono necessariamente il contrario di se stesse».[216]

L'essere in sé di Gesù, il Suo «Io» soggetto della Verità, mostra la Sua identità nel mettere in luce l'intrinseca relazione uni-trina con Dio Padre. Egli si autofonda nel rapporto generativo con il «Tu» del Padre, lasciandosi cogliere dall'uomo, creato a sua immagine, come Verità che contempla se stessa. Egli è rivelazione di Dio-Amore che si dona all'uomo, nell'assunzione della sua condizione, per parteciparlo della sua attività generativa:

> «Infatti ciò che rende se stesso, autofondandolo, l'Io del Soggetto della Verità è il suo rapporto "*con il Lui attraverso il Tu*". Attraverso il *Tu*, l'Io soggettivo si fa *Lui* oggettivo e in questo trova la propria affermazione e oggettivazione come *Io*. [...] Il Soggetto della Verità è la *relazione di Tre*, ma relazione che è sostanza, relazione-sostanza. Il Soggetto della Verità è la Relazione dei Tre. E siccome la relazione concreta è un sistema di atti di attività vitale, nel nostro caso un *sistema infinito di atti sintetizzati in unità*, ossia *un atto unico infinito*, possiamo affermare che l'*ousìa* della Verità è *l'Atto infinito di Tre nell'Unità*».[217]

La vita in sé di Dio, rivelata come *Agape* trinitario dall'incarnazione del Figlio, è presentata da Gesù nella festosità della condivisione di un banchetto, il cui invito alla partecipazione è esteso anche all'uomo.

Quanto detto è affermato dall'agire di Gesù quando, per esempio, in occasione della prima moltiplicazione dei pani, aveva comandato ai suoi discepoli di dare loro stessi da mangiare ai cinquemila uomini (senza contare donne e bambini) presenti (cf. Mc 6,37). La pochezza di quanto possedevano, unito al successo della loro precedente missione (cf. Mc 6,30), fu considerato da Gesù connubio favorevole per la costruzione di un «simposio» nel luogo deserto dove si trovavano. I discepoli, pieni di buon senso pratico, sfiduciati e inconsapevoli ancora dell'origine del loro successo, furono i primi destinatari dell'insegnamento del Maestro su cosa significasse partecipare di Dio, essere cioè invitati a prendere parte al festoso e, ormai, prossimo banchetto; alla mensa bandita per vivere la gioia di essere nutriti dall'abbondanza divina che si

---

[216] S. V. Solov'ëv, *I principi filosofici della conoscenza integrale*, cit. da P. Coda – A. Clemenzia – J. Tremblay, in *Un pensiero per abitare la frontiera*, Città Nuova, Roma 2016, 157.
[217] P. A. Florenskij, *La colonna e il fondamento della verità*, cit. da cit. da P. Coda – A. Clemenzia – J. Tremblay, in *Un pensiero per abitare la frontiera*, 158-159.

dona gratuitamente per sfamare, fuori ogni misura, la pochezza umana calcolatrice e prudente:[218]

> «[l'uomo] esperimenta in mille modi i suoi limiti; Molti, è vero, la cui vita è impregnata di materialismo pratico, sono lungi dall'avere una chiara percezione di questo dramma; oppure, oppressi dalla miseria, non hanno modo di rifletterci. [...] Altri, in gran numero, credono di trovare la loro tranquillità nelle diverse spiegazioni del mondo che sono loro proposte. Alcuni poi dai soli sforzi umani attendono una vera e piena liberazione dell'umanità, e sono persuasi che il futuro regno dell'uomo sulla terra appagherà tutti i desideri del suo cuore. Né manca chi, disperando di dare uno scopo alla vita, loda l'audacia di quanti, stimando l'esistenza umana vuota in se stessa di significato, si sforzano di darne una spiegazione completa mediante la loro sola ispirazione. Con tutto ciò, di fronte all'evoluzione attuale del mondo, diventano sempre più numerosi quelli che si pongono o sentono con nuova acutezza gli interrogativi più fondamentali: cos'è l'uomo?»[219]

La condivisione del cibo diviene così frontiera simbolica che pone in atto l'incontro inatteso con il diverso, con «lo sconosciuto», divenendo per l'uomo possibilità di comunione che gli dona compimento, lasciandogli percepire e comprendere di essere pieno nella gioia condivisa, mai senza l'Altro.

È nella finitezza dell'uomo che avviene l'annuncio dell'infinito; è in essa e attraverso di essa che la teofania si lascia comprendere e raggiungere. Nella fattispecie, ogni invito che Gesù ha rivolto ai suoi discepoli, ogni qualvolta cioè essi sono stati chiamati in causa dal «totalmente Altro», è stato per loro opportunità di partecipazione della vita interna di Dio nell'essere stati resi capaci di «riempire» gesti umani, consueti e vuoti, della potenza divina:

> «L'uomo non vive soltanto delle formule tôrâhiche, non vive soltanto delle formule targumiche, ma anche delle formule mimodrammatiche. Lo abbiamo visto prendendo, mangiando e gustando, come la manna di ogni giorno, il "pane del mondo venturo", quel pane che la recitazione-manducazione quotidiana del *Pater* ci ha raccomandato. [...] Manducazione di un pane venuto da un "mondo venturo". Ciò che deve nutrire quotidianamente l'uomo deve essere più grande dell'uomo, sia che si tratti del pane, sia che si tratti della lezione. L'uomo

[218] Cf. A. Guida, *Vangelo secondo Marco*, in *I Vangeli*, 591-594.
[219] *Gaudium et Spes* 10.

non è perfetto, ma può e deve perfezionarsi ogni giorno. Bisogna lasciare all'uomo, bisogna lasciare al fanciullo la possibilità giornaliera di crescere e di accrescersi».[220]

Dio si è rivelato nella Sua gratuità ed imprevedibilità donandosi nella persona del Figlio Gesù, come Colui che trascende l'esperienza, nel senso puramente fenomenologico, attraversandola pienamente. Questa modalità di darsi necessita dell'assenso di fede dell'uomo, della sua corporeità che si esprime attraverso i sensi. L'esperienza di Dio deve superare di gran lunga il fenomeno, deve potersi nutrire dell'evento pasquale di Gesù e viverlo, nella fede che chiama in causa i sensi corporali, come evento in cui Dio si manifesta e si dona. È quanto significato dal sacramento, il quale non è semplicemente segno esteriore della persona di Gesù, che risulta cioè essere altro dal sacramento stesso. Esso è esperienza interna dei sensi, i quali lo percepiscono esterno, diverso, da essi. Il sacramento risulta, dunque, essere realtà «Altra» rispetto ai sensi, al corporeo, pur assumendo l'elemento materiale in pieno. Gesù Cristo, nel Suo essere Dio e uomo, è vissuto dall'uomo nella Sua trascendenza di essere «Altro», nella realtà interna del sacramento, nel Suo darsi come dinamica che apre l'orizzonte evangelico della rivelazione divina. È nel corpo e con il corpo che si incontra e si fa esperienza dell'imprevista Alterità di Dio; nella storia vissuta, riempita, dall'uomo come opportunità di comprensione del divenire di Dio che gli permette di ritrovare e superare il senso della sua creaturalità nella compartecipazione della vita divina, nel pane mangiato.[221]

Se la caduta dell'uomo, che ha comportato la perdita della comunione con Dio suo creatore, è accaduta a motivo del desiderio assecondato dalla sua iniziativa del «prendere e mangiare» il frutto a lui proibito; nella logica della salvezza, Dio si è dato nel «Prendete» (Mc 14,22) eucaristico per ristabilire e lasciare superare la condizione perduta dall'uomo, nella comprensione dell'Amore coinvolgente della vita intradivina *Agapica*.

La mensa è stata assunta da Gesù, durante la Sua itinerante missione, come luogo privilegiato per raggiungere «l'uomo», destinatario della Sua proposta di salvezza.[222] Gesù mangiando insieme a quanti lo volevano loro ospite, ha fatto della commensalità luogo di

[220] M. Jousse, *La manducazione della Parola*, Edizioni Paoline, Roma 1980, 182-183.
[221] Cf. G. Bonaccorso, *Il corpo di Dio*, 144-149.
[222] Le chiamate di Levi (Lc 5,27) e di Zaccheo (Lc 19,5) sono due esempi. L'evangelista Luca ha voluto mettere in luce il modo in cui è avvenuta l'adesione dei chiamati alla proposta di Gesù, all'invito loro rivolto. Seguire il Signore significa aderire interiormente alla Sua chiamata, da vivere nel luogo dove si svolge la vita del discepolo. Il "restare nella casa" per mangiare insieme, è situazione ideale per il discepolo per mettere in atto l'atteggiamento di ascolto e di sequela del Signore. È quanto si sono augurati di ricevere i discepoli quando, inviati a due a due, hanno bussato alle porte delle case nelle città lì dove furono inviati da Gesù (cf. R. Manes – A. Guida – R. Virgili – M. Nicolaci, *I Vangeli*, cit., 903-904.1147-1149).

partecipazione alle abitudini domestiche delle persone che lo circondavano; e, allo stesso tempo, elevazione della gestualità attorno alla mensa a opportunità che rendeva gli ospitanti partecipi delle Sue abitudini domestiche, di Dio Amore in sé. La mensa, dunque, come luogo per poter offrire, a quanti volevano ascoltarlo, il Suo messaggio e il Suo «stile» di vita che si opponeva alle prassi correnti che non permettevano all'uomo di trovare il proprio riscatto di salvezza.[223]

Le narrazioni evangeliche intorno alla questione del cibo sono cruciali per lo sviluppo dinamico, in termini di fede, di quanti hanno vissuto accanto a Gesù, che lo hanno seguito lungo l'itinerario manifestativo della Sua persona e del beneficio loro arrecato. Esse svolgono un ruolo decisivo per lo sviluppo e la formazione della identità di chi si approccia alla Parola insegnata dal Signore; narrazioni che sottolineano aspetti importanti riguardanti la composizione e la natura dei gruppi che si creavano attorno alla figura di Gesù. Una testimonianza lasciata intendere dal beneficio tratto da quanti erano partecipi al pasto consumato in Sua presenza. La mensa, la festosità della convivialità condivisa, è stato il «luogo» terreno scelto da Gesù per rivelare la Sua Gloria, la Sua identità come evento risolutivo per il compimento dell'uomo.[224]

La condivisione del cibo, nella prospettiva Cristologica, contiene in sé il potenziale simbolico di annullare ogni gerarchia strutturalmente umana che marca la differenza tra «peccatori» ed osservanti della legge. Il ricorso di Gesù alla cena comunitaria per sigillare eventi determinanti per il futuro dell'uomo, ha fatto sì che la mensa divenisse luogo privilegiato dove celebrare l'Alleanza tra Dio e l'uomo. È il luogo dove si vive la differenza tra l'umano e il sovraumano, la cui sproporzione è mangiata come nutrimento che pone fine alla fame di vita dell'uomo.[225]

Una sproporzione che permette all'uomo di giungere alla comprensione della propria condizione di bisogno, dettata dalla profondità della condizione di peccato che cerca e trova, nell'azione singolare di donazione di Sé di Dio, la componente liberante che ripristina, redime, ciò che era perduto:

> «Dio che deve essere accolto e accettato con la stessa gratuità con cui si dà a noi; che non possiamo convertire in funzione di nulla, neppure della nostra salvezza trascendente, a meno di non permettergli di essere Dio e, di conseguenza, di rimanere noi stessi rinchiusi nei nostri

[223] Cf. A. Destro – M. Pesce, *L'uomo Gesù*, 106-107.
[224] Cf. E. Kobel, *Dining with John. Communal meals and identity formation in the fourth gospel and its historical and cultural context*, 86-88.
[225] Cf. A. Destro – M. Pesce, *L'uomo Gesù*, 111-115.

propri limiti. Ci avviciniamo a Dio perché Lui si avvicina a noi, lo conosciamo perché Lui ci conosce previamente, possiamo seguirlo perché ci insegna come farlo, lo cerchiamo perché Lui ha già posto nel più profondo dei nostri cuori il desiderio di incontrarlo».[226]

L'evento unico dell'incarnazione, dell'assunzione della condizione umana da parte di Dio, è salvezza per l'uomo. Essa è partecipazione alla vita di Dio in Cristo, è la comunicazione della vita divina che avviene nella morte e risurrezione dell'umanità glorificata di Gesù. L'incarnazione di Dio è la condizione che ha determinato la possibilità della sussistenza della creazione, è il fatto stesso che ha spinto il Verbo, il *Logos*, ad assumerla nella persona di Gesù Cristo. L'uomo, fin da principio, è stato pensato da Dio ad immagine del Figlio incarnato, di quella umanità perfetta nell'unione, nella comunione, con il Gesù storico. Gesù Cristo è la vocazione di ogni uomo, è il destino unitario e unitivo dell'umanità tutta, è il vincolo che unisce in un'unica comunità ogni uomo, di ogni tempo.[227]

La mensa assunta da Gesù Cristo vuole segnare l'appartenenza del genere umano alla propria condizione di appartenenza a Dio, nell'umanità di Cristo, sua immagine. «Mangiare con» significa desiderio di appartenenza che si esplica in tutta la sua potenzialità nella festosità della mensa condivisa del banchetto che Gesù Cristo ha imbandito con e per l'uomo. Questo comporta che, l'essere originario ad immagine e somiglianza di Dio, si esplica ulteriormente in un processo mai concluso di assimilazione a Dio.

Il digiuno, che si oppone alla convivialità, è proprio dell'assenza dello sposo (cf. Mc 2,19-20) come momento di riflessione che «obbliga» l'uomo a porre l'attenzione sul vero ed unico alimento che lo nutre e lo orienta verso il suo fabbisogno vitale. È un momento in cui viene meno la dimensione comunitaria, è l'assenza della relazione, i cui effetti drammatici richiamano in causa le capacità relazionali che danno respiro all'uomo, allontanandolo, con convinzione, dalla falsa felicità che promuove la sola ricerca egocentrica dell'«io».[228]

3.4 La pienezza dell'uomo: tra prospettiva orientale e occidentale

Attorno alla mensa, Gesù Cristo, si è svelato come Alterità che, per Amore, ha superato l'abissale distanza che sussiste tra il Creatore e la creatura. L'uomo, il cui essere è infinitamente

[226] L. F. Ladaria, *Gesù Cristo salvezza di tutti*, EDB, Bologna 2009, 58.
[227] Cf. *ib.*, 91-95.
[228] Cf. J. T. Mendonça, *La mistica dell'istante*, 80-82.

inferiore all'essere di Dio creatore, è stato raggiunto nella condizione di creatura per essere reso partecipe di ciò che da solo non può comprendere.

L'Alterità del Creatore ha posto la creazione dinanzi la consapevolezza di esistere come atto pienamente libero del Suo Amore.

L'Alterità di Dio, che si esprime nella Sua libertà creativa, è trascendente nei confronti della creazione. Essa interviene a favore di ciò che ha creato ponendogli dinanzi una realtà diversa da sé, Altra da sé, che le dona, per la conoscenza di Sè, libertà come luogo per poter corrispondere all'atto ricevuto: la vita dell'uomo.

La realtà del mondo, la sua contingenza, non proviene da sé, dalla natura, ma da una volontà Altra da sé che l'ha posta in essere e che, nella Sua libertà, ha voluto condividere con essa il superamento della mortalità:

> «L'essere del mondo è, per [gli antichi greci], mortale per natura. Tuttavia, poiché l'essere non emerge naturalmente dall'essere, ma attraverso l'intervento della libertà personale, in ultima istanza non è logicamente destinato ad essere mortale. Contrariamente a ciò che i greci credevano, quanto ha avuto inizio non ha necessariamente una fine. Così l'essere del mondo può essere eterno nella fine senza essere stato eterno nell'inizio, cioè nella sua natura. La natura non determina l'essere. Se postuliamo la possibilità di avere un essere che emerge non dalla necessità, ma da un atto libero, il suo inizio non determina la sua fine; la fine può essere più dell'inizio. Perciò l'alterità e la contingenza possono essere considerate vero essere. Il mondo è una realtà nel senso ontologico migliore, non per una necessità naturale di sorta, ma perché l'essere non dipende dalla natura, bensì dalla libertà, essendo emerso dall'atto libero di una persona libera».[229]

L'uomo, l'essere della creazione, è consapevole di essere altro rispetto alla logica di Dio; rispetto alla Persona che lo ha slegato dalla necessità di ciò che lo causa, lo determina, per mezzo della sola natura. È l'Alterità che permette all'uomo di essere se stesso e di istaurare, nella comunione con Dio, la vita per espletare il proprio modo di essere e scoprirsi comunque unito a Lui, non separabile, nonostante l'abisso ontologico sussistente tra Creatore e creatura. Solamente la temporanea differenza della materialità, destinata a sparire, separa Dio dal mondo. Differenza che non dà alcun contenuto ontologico a quanto creato, uomo compreso, ma che lo ostacola nei riguardi di ogni possibilità di relazione con Dio.[230]

---

[229] I. Zizioulas, *Comunione e alterità*, Lipa, Roma 2016, 21.
[230] Cf. *ib.*, 22-25.

Sono i *logoi* a dare vita all'alterità degli esseri della creazione, per mezzo dei quali è possibile l'istaurarsi dell'unità con la persona del *Logos* divino, così da essere coinvolti nella comunione tra loro e con Dio:

> «I seguenti aspetti della teologia di Massimo si collegano direttamente a tale questione: (I) I *logoi* della creazione sono *provvidenziali* (προνοητικοί): non sono parte dell'intelletto di Dio, ma del suo *volere* e del suo *amore*. (II) Il *Logos* che unisce i *logoi* della creazione è una *persona*, non intelletto o *nous*, ma il *Figlio* del Padre. Pur essendo uniti al *Logos*, i *logoi* della creazione non divengono parte della sostanza di Dio, ma conservano la loro natura creaturale. (III) Il fatto che il *Logos* unisca in se stesso i *logoi* della creazione *in quanto persona* e non come divino *nous* o intelletto, o tramite qualche altra simile qualità *naturale* di Dio, significa che è *attraverso l'incarnazione* che i *logoi* sono veramente uniti a Dio. [...] un'ontologia concepita non sulla base di *ciò* che sono le cose (la loro natura), ma di come sono (il loro modo di essere, o ipostasi). Massimo usa a questo scopo una distinzione tra *logos* e *tropos*: in ogni essere c'è un aspetto permanente e immutabile e uno variabile».[231]

Per superare l'abisso dell'alterità tra Dio e il mondo, il Figlio di Dio, nella Sua incarnazione, ha adattato il Suo modo di essere in una forma transitoria e variabile (*tropos*), seppur nella Sua totale pienezza, per ripristinare la comunione con l'uomo, senza che la trascendenza di Dio, la Sua libertà e Alterità siano stati di ostacolo per la fuoriuscita di Sé. La libertà per l'altro di Dio non riduce la Sua Alterità; al contrario, permette che l'Alterità e la comunione con la creazione coincidano, grazie alla mediazione della persona del Figlio che, nell'incarnazione, si è interposta tra Dio e l'uomo.[232]

Dio, la cui Alterità ontologica non è accessibile all'uomo ("Tu potrai mangiare di tutti gli alberi del giardino, ma dell'albero della conoscenza del bene e del male non devi mangiare, perché, quando tu ne mangiassi, certamente moriresti". Gn 2,16-17), ha comunque stabilito i presupposti per una comunione relazionale di salvezza con la Sua creatura, nell'essersi fatto prossimo a lui con l'incarnazione del *Logos*.

Il Figlio, nell'evento dell'incarnazione, manifesta la Sua relazionalità con il Padre, in quanto è il Suo *Logos* eterno che risuona nel tempo. Egli porta a compimento e sostiene ciò che Dio Padre, nella forza unitiva dello Spirito Santo che lo lega a Sé, ha pensato e ha donato all'uomo: l'essere rigenerato a vita nuova.[233] È l'Alterità dello Spirito, il Suo elargire carismi,

---

[231] *Ib.*, 26-27.
[232] Cf. *ib.*, 29-31.
[233] Cf. W. Grudem, *Teologia sistematica*, GBU, Chieti 2014, 845-847.

che consente la comunione tra gli uomini; che agisce nella Sua libertà per insegnare le profondità di Dio come maestro interiore; che spiega il senso delle scritture facendole convergere nella persona di Gesù Cristo; che attesta che siamo figli di Dio col rendere la preghiera dell'uomo confidente al Padre, in una circolarità d'azione storico-salvifica che permette la conoscenza della verità della vita cristiana fondata nell'amore unitivo che vince il mondo nella percettibilità, sperimentata dai credenti, della definitiva escatologica verità della manifestazione del volto del Padre in Gesù di Nazareth.[234]

Il Figlio ha assunto su di Sé quella condizione che ha mosso Dio, nella Sua libera Alterità, di creare l'uomo ad immagine di Se stesso. Il Figlio di Dio si è donato secondo una modalità (come *tropos*) (cf. Rm 8, 1-4) per riabilitare l'uomo nel progetto creazionale di salvezza di Dio, liberandolo dalla condizione di peccato che lo teneva lontano dalla relazione con se stesso e con Dio. La modalità assunta dal Figlio incarnato nell'essersi donato all'uomo come pane spezzato, è evento di salvezza accaduto nell'ultima cena. La mensa Eucaristica è il luogo scelto e assunto dal Figlio di Dio per donarsi come nutrimento che alimenta e sazia la fame che l'uomo ha di Dio, sua origine. È festa dove si afferma l'autotrascendimento di ogni cosa, dei rapporti interpersonali, e che fa prendere le distanze dagli avvenimenti vissuti solamente come accadimenti puntuali; è gratuità che afferma l'alterità della condizione umana, della vita come superamento dei processi segnati dalla sola funzionalità della convivenza e apertura ad un di più che ne esprime la differenza e che anticipa e accompagna l'uomo lungo il suo percorso vitale, fatto di domande e di desideri, alla ricerca di una forma stabile nella festosità dello stare insieme come promessa dell'atteso.[235]

La creazione e la storia stanno sotto l'azione sovrana dello Spirito Santo il quale, soffiando dove Egli vuole, è principio di conoscenza dell'unità tra il Padre e il Figlio, che crea unità tra i credenti estendendo ad essi e tra essi l'opera unica di Cristo, rendendoli conformi a Lui nell'edificare la Chiesa, corpo di Cristo, nella quale è possibile incontrare il Padre, contemplare il Suo volto e ottenere la Sua grazia nel ritrovarsi riuniti e uniti attorno alla festosità del banchetto del Suo nome.[236]

Anche l'uomo, creato ad immagine (relazionale) di Dio, al momento dell'atto creativo, è stato costituito da due modalità di essere che segnano la somiglianza con Dio creatore. La Parola che ha decretato la sua esistenza si è espressa, infatti, in una doppia modalità: la prima

---

[234] Cf. A. Staglianò, *Il mistero del Dio vivente. Per una teologia dell'Assoluto trinitario*, Bologna 2002, 175-177.
[235] Cf. C. Scordato, *Il settenario sacramentale. Riflessione sistematica*, vol. 1/III, Pozzo di Giacobbe, Trapani 2007, 18-20.
[236] Cf. P. Sorci, *Paschale Mysterium. Studi di liturgia*, Città Nuova, Roma 2014, 363-365.

riguardante la sua forma ontologica, il suo «chi è», il suo *ethos* ("Dio creò l'uomo a sua immagine; a immagine di Dio lo creò"; Gn 1,27a); la seconda riguardante il suo «com'è» (il suo *tropos*) ("maschio e femmina li creò". Gn 1,27b) da vivere come possibilità relazionale ad immagine di Dio, fino al momento della piena comunione con Lui (cf. Mc 12,18-27; Mt 22,23-33; Lc 20,27-40).

Se l'ontologia del Figlio di Dio si esprime nell'essere *Logos* del Padre (il «chi è» del Figlio), l'ontologia dell'uomo si esprime nel suo *ethos*, in quella forma che manifesta la stabilità di ciò che egli è in quanto persona ad immagine di Dio. È l'ipostasi nella quale si ricapitola la natura umana e, allo stesso tempo, la trascende perché il suo modo di esistenza è anch'essa, come Dio, libertà e alterità che si realizza nell'evento comunionale imprescindibile con i fratelli e con Dio:[237]

> «La verità della relazione personale con Dio, positiva o negativa, ma sempre relazione esistenziale, è la definizione dell'uomo, il *modo* nel quale l'uomo *è*. Egli è un fatto esistenziale di relazione e comunione, è "persona": ciò significa (etimologicamente ma anche concretamente) che ha il volto verso qualcuno o verso qualcosa, è davanti a qualcuno o a qualcosa ("in relazione", "in rapporto"). La natura umana creata in ogni sua realtà personale è "davanti" a Dio, esiste come rapporto e relazione con Dio».[238]

L'alterità personale si rivela in tutta la sua potenzialità (divina) solamente nell'evento dell'immediata relazione comunionale, che rende conoscibile e partecipe l'uomo della ragione ultima dell'intima vita del *Logos*.[239]

Condizione persa nell'aver «preso e mangiato» il frutto che Dio aveva proibito alla prima coppia; condizione che ha determinato una frattura insanabile per le sole forze dell'uomo.

L'azione salvifica di Dio, della Sua libera volontà di incarnarsi, ha dovuto anche ripristinare la condizione di caduta dell'uomo nell'essersi dato, nell'ultima cena, come Parola-pane: «Prendete, questo è il mio corpo» (Mc 14,22b). Imperativo espresso attorno ad una mensa come luogo propizio per riabilitare l'uomo nella sua condizione di essere relazionale, lontano dalla tentazione della libera scelta di indipendenza personale dell'autoalienazione, dove i bisogni naturali divengono fini a loro stessi e si trasformano in passioni che capeggiano la

---

237 Cf. C. Yannaras, *La libertà dell'ethos*, Qiqajon, Magnano (BI) 2014, 24-28.
238 *Ib.*, 26.
239 Cf. *ib.*, 29-30.

volontà dell'uomo e la sua innata ricerca di essere ad immagine di Dio, scadendo nella sofferenza estrema fino alla morte.

Dio si lascia incontrare come Padre, attorno alla festosità della mensa eucaristica, solamente nella misura in cui l'uomo è disposto ad incontrare gli altri come fratelli. Solamente nell'orizzonte dell'*Agape* divino è possibile attingere il senso protologico ed escatologico della filiazione di Dio. Lo stare insieme, realizzato pienamente dall'azione unitiva e comunionale dello Spirito Santo, rende presente, in tutta la sua forza, il Cristo risorto nelle connotazioni antropologiche dei gesti del linguaggio e delle espressività umane della celebrazione come realizzazione del dono della vita e del suo senso ultimo, della sua identità creaturale escatologica di essere accolta da Dio all'interno della Sua stessa vita.[240]

L'uomo si (ri)conosce nella sua chiamata a vivere la vocazione d'«uomo», come ricerca costante della propria stabilità, nella fede assunta come modo di vivere. Solamente la consapevolezza di essere «vocazione» lascia trasparire il senso dell'umano, della sua diversità dal carattere singolare d'essere, al di là di ogni appartenenza e condizioni di vita. La «vocazione», così intesa, è ciò che riguarda il tutto della persona, dell'uomo, che trova il suo senso nell'ascolto di quanto è originario e profondamente nascosto nel suo intimo vitale. Ascolto di Colui di cui egli è «ad immagine» e che, dalla Sua umanità, è possibile porre in atto la potenzialità dell'immagine che lo ha generato;[241] ascolto della coscienza che interpella l'uomo ogni qual volta è tentato di sottrarsi dalla forma autentica che lo spinge verso il proprio «io» impersonale adamico, nemico del proprio «poter-essere». L'uomo è invitato ad istaurare un dialogo con Colui che gli ha donato vita come dono da restituirgli. Egli non è solo, non è stato creato da solo; è relazione chiamato ad aprirsi alle cose che «non esistono» (*ex-sistere*) e che competono a lui, in quanto immagine di Dio. È «vocazione» l'invito ad essere presenti a se stessi, come appello della voce di Dio alla coscienza, alla personale singolarità di ogni uomo posto, con la sua presenza, dentro il mistero della vita che necessita dare attenzione a Qualcuno, nonostante ogni possibile imprevisto che la vita stessa pone dinanzi, non per ultima la morte, la cui forza dissimulatrice toglie credito alla potenzialità del dono ricevuto. Nell'incarnazione del Figlio la vita diviene «vocazione», cioè manifestazione di Dio invisibile in una maniera radicalmente umana, accessibile, come vita-dono che si comunica ad altri da Sé.[242]

Il contrasto tra i desideri della carne e i desideri dello Spirito, invita l'uomo a guardare alla comunione della comunità quale risultato dell'azione unitiva dello Spirito stesso. È la

---

[240] Cf. C. Scordato, *Il settenario sacramentale. Riflessione sistematica*, vol. 1/III, 26-29.
[241] Cf. *Gaudium et spes* 22.
[242] Cf. C. Theobald, *Vocazione?!*, EDB, Bologna 2011, 41-62.

condivisione dei diversi carismi ad indirizzare all'unità, alla stessa maniera dell'intima vita intradivina, come obbligo a dipendere gli uni dagli altri, fonte di amore e vincolo di perfezione, capace di manifestare in maniera incisiva la presenza di Dio nel Suo significato armonico di donazione dell'uno mai senz'altro.[243]

La materialità della carne, il vivere solamene l'aspetto fenomenico di ogni cosa, disgrega l'unità vitale dell'uomo, disorienta la percezione di non possedere se stesso nella sua totalità. L'incontro con l'altro da sé diviene occasione per cogliersi appartenente ad un «noi» comune che conferisce alla vita una dimensione superiore che cresce nella misura in cui si dona nella condivisione. L'uomo scorge un significato «altro» e «alto» che sollecita i suoi desideri e gli impulsi corporei che intervengono nella donazione come comunione con l'altro:[244]

> «L'*eros* è descritto come un movimento libero che ha inizio da un essere libero e termina in comunione (abbraccio, delimitazione) con un altro essere libero, che è la sua destinazione finale. La descrizione di questo stato definitivo dell'*eros* come "amplesso" o "abbraccio" () esclude ogni assorbimento del particolare nel generale; è un'unione di un intero con un intero, nel quale entrambi gli esseri mantengono la loro integrità ontologica. È anche significativo che sia la causa che scopo ultimo del movimento erotico in questo caso non sia nient'altro che l'*Altro concreto*, in cui il movimento erotico si ferma e riposa. In questa concezione dell'*eros* non c'è asservimento alla natura, né desiderio di andare oltre l'Altro, né "amore di amare", ma solo amore dell'Altro concreto».[245]

Il corpo è per l'uomo il luogo dove egli si unifica, si possiede, nell'abitare e vivere la sfera superiore dell'Amore nella donazione di sé. La carne, la sua materialità, se da un lato è occasione per dare adito alla tentazione che lo conduce alla vulnerabilità; dall'altro è ciò che lo proietta al di là di se stesso fino a possedersi. Nell'accettare il suo corpo, la sua potenzialità, la singolarità della persona si allontana dal rischio di cadere nell'isolamento sterile, proiettandosi verso l'ammissione dell'unica certezza che solamente nella misura in cui è amato egli ama. Solamente nel e con il corpo è possibile che si concretizzi l'incontro tra l'uomo e il suo mondo, come unica via per giungere a Dio che si lascia trovare solamente nell'immersione di ciò che il corpo ci rivela quando instauriamo autentiche relazioni:

---

[243] Cf. W. Grudem, *Teologia sistematica*, 852-862.
[244] Cf. J. G. García, *Teologia del tempo*, EDB, Bologna 2014, 33-35.
[245] I. Zizioulas, *Comunione e alterità*, 83.

> «Il superamento del dominio "può" diventare l'occasione di scorgere qualcos'altro e, forse, una rivelazione. Non stiamo parlando, anzitutto, di ciò che usualmente chiamiamo rivelazione di Dio, ma di rivelazione del mondo. L'intento, infatti, è di puntare l'attenzione sul termine "rivelazione" e scorgervi un'attitudine che per essere teo-logicamente orientata deve essere anche cosmo-logicamente pertinente: diversamente potremmo trovarci a parlare di rivelazione di Dio come di qualcosa che, per la mancanza di qualsiasi esperienza mondana di rivelazione, non viene più colta come "rivelazione", ma, per esempio, nella forma banale fino al ridicolo di un messaggio che viene dall'altro mondo. [...] Il corpo, comprensivo della mente e della ragione, preserva da questo doppio passo aprendo ad alternative, illuminanti per la stessa. L'alternativa fondamentale consiste nel mostrare una rivelazione che non deve ricorrere a "cose dell'altro mondo"»[246]

L'uomo consapevolizza di esistere (*ex-sistere*) solo quando abita il tempo che attraversa possedendolo come apertura ad una rivelazione che percepisce appartenergli e che supera lo stesso mondo, cioè la corporeità intesa esclusivamente nell'unico senso di essere soggetta alla morte. Il tempo è anch'esso luogo della rivelazione di Dio nel quale si rivela nella memoria filiale e originaria dell'uomo, mostrandogli un nuovo modo di esistere, al di là dell'essere insidiato nel suo trascorrere, nell'identità unica e personale.[247]

3.5 Il dinamismo Eucaristico

L'essere dell'uomo, nell'ascolto di sé, (ri)conosce di possedere un fondamentale sostrato eterno e incausato che lo apre verso una prospettiva che lo lascia cogliere come dono che presuppone la presenza dell'Altro come donatore. Egli non appartiene ad una realtà la cui sussistenza dipende dalla modalità personale di determinarla. L'uomo è solamente dono che necessità di superare il fallimento della caduta, il desiderio di auto-determinarsi da sé:

> «[...] è l'Eucaristia, la partecipazione dinamica al nuovo modo di esistenza che trasfigura l'uomo e il mondo in evento della chiesa e del regno di Dio. Ambedue queste verità, la caduta e la trasfigurazione eucaristica, sono reali in senso vitale e immediato; ambedue definiscono la realtà dell'evento della salvezza. La salvezza dell'uomo non è una giustificazione legale astratta, né un elevarsi idealistico nella sfera delle ricerche intellettuali o delle estasi

[246] G. Bonaccorso, *Il corpo di Dio*, 136.
[247] Cf. *ib.*, 137-139; J. G. García, *Teologia del tempo*, 37-43.

misticheggianti che finiscono in un morale dominio di sé. La salvezza è passaggio e transizione dalla caduta alla trasfigurazione, dalla corruzione e dalla morte all'incorruttibilità e alla vita, è pasqua, è il convito pasquale dell'Eucaristia».[248]

L'Eucaristia è evento di comunione di Amore, è *eros* i cui confini superano i soli sentimenti, anche di bontà. È «chiamata» ad una nuova nascita; è «scoperta» di una identità unica e incomparabile con ogni altra identità, che si costituisce nella relazione con altre unicità, come dono, nella comprensione di essere l'amato di Qualcuno.[249]

L'Eucaristia è lo spazio dove viene a determinarsi l'immediatezza della relazione, della sua potenzialità, perché prossimità adimensionale e partecipazione dell'uomo della verità che è Dio. È contrizione del tempo cronologico e passaggio all'unico tempo di Dio, quello eterno, sempre presente e personale, che ricapitola a Sé passato e futuro di ogni uomo, in Cristo. È occasione per l'uomo di trasfigurarsi nel processo dinamico di crescita dell'alterità e della libertà, che si realizza in maniera reale nell'utilizzare e vivere il mondo in un modo nuovo; una nuova maniera che permette all'uomo di prendere le distanze da ogni forma di corruzione dalla comprensione del limite di una vita vissuta in maniera antagonista ed individuale, incapace di sperimentare la gioia e la pienezza che proviene dal ritornare a pensarsi come gratuità:[250]

«In tal modo l'uso del mondo diviene lo spazio dell'antagonismo per la sopravvivenza degli individui nella loro autonomia; i beni della terra cessano di essere motivo di relazione e comunione, si trasformano in oggetti di rivendicazione e di lotta antagonistica perché si conservi l'individualità nella sua esistenza biologica. Ma in questo modo la relazione dell'uomo con il mondo conduce inevitabilmente alla corruzione progressiva e alla morte, è una relazione che uccide la vita poiché l'identifica con la sopravvivenza individuale, quella sottoposta alla morte. L'uomo assume il mondo per conservare in vita la sua esistenza individuale, ma l'autoconservazione dell'individualità si mostra come una corruzione senza scampo, una condanna a morte».[251]

L'Eucaristia implica e manifesta gratitudine per l'Altro, insegna e partecipa l'uomo dell'unico significato del perdono, dell'accettazione di ogni altro senza condizioni come vittoria sulla morte, reso esplicito dall'unico banchetto della morte e risurrezione di Cristo che non

[248] C. Yannaras, *La libertà dell'ethos*, 111.
[249] Cf. I. Zizioulas, *Comunione e alterità*, 102-103.
[250] Cf. C. Yannaras, *La libertà dell'ethos*, 112-113.
[251] *Ib.*, 114.

conosce esclusione alcuna di ogni alterità della creazione che ne preclude l'unità della totalità:[252]

> «[...] tutti gli esseri sono ontologicamente legati, ed ogni "esclusione" di un essere tocca ontologicamente il resto. Una maniera eucaristica di essere implica il rispetto e la cura di tutta la creazione. L'Eucaristia è una "liturgia cosmica" nella quale l'essere umano agisce quale "sacerdote della creazione" che offre a Dio con gratitudine il dono dell'esistenza creata come corpo di Colui che liberamente ha assunto quest'esistenza nella sua stessa *ipostasi* per "salvarla", cioè assicurare e confermare la sopravvivenza della creazione».[253]

E questo avviene nell'assunzione personale di Dio degli elementi del mondo, della vita stessa dell'uomo, nella scelta del pane e del vino come possibilità di rendimento di grazie per chi da Lui è stato assunto. La condizione mortale dell'uomo, la sua corruttibilità, è trasformata in eternità dalla trasformazione, come passaggio pasquale, degli elementi offerti nella carne e nel sangue di Cristo, nelle ipostasi di vita eterna, per l'azione singolare dello Spirito Santo.[254]

L'uomo nel prendere nelle sue mani elementi della creazione, in comunione con ogni creatura e Dio, solamente per iniziativa singolare e salvifica della volontà divina, sacralizza tutta intera la creazione stessa.

L'*ethos* eucaristico libera la creazione dalla mortalità, dall'essere concepita e vissuta dall'uomo solamente in termini di immanenza oggettivistica, biologica, elevandola ad esistenza ipostatica, immortale, nella pienezza della relazione con la vita intradivina di Dio. Gesù Cristo, nell'aver assunto la creazione in sé, in comunione con la volontà del Padre, ha sigillato in maniera definitiva la partecipazione dell'uomo all'eternità di Dio.[255] Ciò che accade nell'ultima cena è evento che conferma il senso cristologico ed ecclesiale dell'iniziativa gratuita di Cristo nell'offerta di Sé a Dio Padre, per l'uomo.

L'azione del risorto, il Suo essere avanti rispetto alla temporalità dell'uomo, non smette di essere un continuo presente (eterno) nella storia dell'uomo grazie all'azione dello Spirito che rende partecipativo l'uomo dell'esperienza «esterna» di Dio.

In continuità con l'unica Alleanza, la nuova e definitiva Alleanza segnata nell'ultima cena, ha determinato i confini di un nuovo luogo, la mensa eucaristica, dentro la quale il corpo e il sangue di Gesù Cristo, nell'offerta di Sé, hanno istaurato definitivamente la relazione tra Dio e

---

[252] Cf. I. Zizioulas, *Comunione e alterità*, 104-106.
[253] *Ib.*, 106.
[254] Cf. C. Yannaras, *La libertà dell'ethos*, 115-117.
[255] Cf. I. Zizioulas, *Comunione e alterità*, 107-111.

l'uomo. Per mezzo del «corpo» di Colui che è Alleanza, la fedeltà di Dio diviene possibilità di fedeltà dell'uomo; la possibilità della compartecipazione dell'uomo di tornare ad essere concreatore di Dio, chiamato da Lui a dare il «nome» a tutto ciò che Dio ha posto in essere.

Il mistero eucaristico, Corpo che ci fa corpo, che ci fa Chiesa, rende esplicito, vivo ed attuale il progetto di salvezza che Dio Padre, Dio Figlio e Dio Spirito Santo, ha pensato da sempre per l'uomo. Un progetto di amore che si attua nell'essere resi uno in Lui, un solo corpo, la Chiesa, reso tale dall'opera del Figlio e prolungato dall'azione unitiva dello Spirito Santo: «Come infatti il corpo, pur essendo uno, ha molte membra e tutte le membra, pur essendo molte, sono un corpo solo, così anche Cristo. E in realtà noi tutti siamo stati battezzati in un solo Spirito per formare un solo corpo, Giudei o Greci, schiavi o liberi; e tutti ci siamo abbeverati a un solo Spirito. Ora il corpo non risulta di un membro solo, ma di molte membra» (1 Cor 12,12-14).

La costituzione conciliare LG 8 afferma esserci perfetta corrispondenza tra Cristo e la Chiesa nel dire che:

> «Cristo, unico mediatore, ha costituito sulla terra e incessantemente sostenta la sua Chiesa santa, comunità di fede, di speranza e di carità, quale organismo visibile, attraverso il quale diffonde per tutti la verità e la grazia. Ma la società costituita di organi gerarchici e il corpo mistico di Cristo, l'assemblea visibile e la comunità spirituale, la Chiesa terrestre e la Chiesa arricchita di beni celesti, non si devono considerare come due cose diverse; esse formano piuttosto una sola complessa realtà risultante di un duplice elemento, umano e divino. Per una analogia che non è senza valore, quindi, è paragonata al mistero del Verbo incarnato. Infatti, come la natura assunta serve al Verbo divino da vivo organo di salvezza, a lui indissolubilmente unito, così in modo non dissimile l'organismo sociale della Chiesa serve allo Spirito di Cristo che la vivifica, per la crescita del corpo (cfr. Ef 4,16)».

Quanto affermato dalla costituzione conciliare permette, senza dubbio, la lecita aspirazione di poter integrare la cristologia con l'ecclesiologia attraverso la sacramentalizzazione di Cristo, essendo il principio del creato da cui scaturisce il senso di ogni cosa, a partire dalla sua rivelazione.

La relazione dell'uomo con Dio è resa possibile grazie all'incarnazione di Cristo il quale, nella persona di Gesù di Nazareth, è divenuto prospettiva soteriologica della fede della Chiesa che ha permesso il compiersi dell'uomo nella sua storia.[256] In questo modo il Padre ha pensato

[256] Cf. G. Trapani, *Nel corpo di Gesù Cristo la nuova umanità*, in «Ho Theológos» 3 (2009) 353.

di portare a termine il Suo progetto di salvezza. Un mistero che ha attraversato la scrittura, nell'interpretazione che Gesù le ha dato, nella quale è mostrato il contenuto del mistero pasquale, della morte e risurrezione del Cristo, come possibilità di conversione dell'uomo a Dio nell'averlo condotto alla conoscenza della verità.[257] In questo modo l'uomo inscrive il suo compimento nel compimento dell'intero cosmo. Nel suo essere spirituale e corporeo si lascia raggiungere e inserire nel Mistero infinito, non senza il destino del mondo, nello spazio e nel tempo, inserendosi nella trascendenza, oltre se stesso, verso il fine a lui nascosto che è Dio stesso. Prende forma una dimensione circolare e dinamica tra tutti gli uomini, come singoli chiamati a prendere parte al Mistero Assoluto, alla causa di tutto, nel Suo processo di grazia, di scoperta e di autocomunicazione.[258]

La salvezza allora la si può pensare come la circolarità di un movimento eterno, di discesa e di risalita dal Padre al Figlio e viceversa, dinamismo di salvezza che, per opera dello Spirito Santo, attraversa il mistero della Chiesa.

3.5.1 Dal Padre al Figlio

Nella liturgia viviamo la glorificazione di Cristo, il mistero della Sua morte e risurrezione, per mezzo del quale il Padre ha riconciliato a se il mondo. Mistero che è fonte e culmine dell'intera opera di salvezza celebrato dalla e nella Chiesa, quale corpo indissolubilmente unito al Capo che è Cristo stesso, per l'azione singolare dello Spirito Santo che crea la necessaria coesione tra i fedeli, riuniti attorno alla festosità del banchetto eucaristico, insieme al pentimento dei peccati come condizione imprescindibile per l'ascolto e la lode di Dio, e per ringraziarlo per i benefici ricevuti.[259]

Nella costituzione conciliare *Sacrosanctum Concilium*, al numero 2 leggiamo:

> «La liturgia infatti, mediante la quale, specialmente nel divino sacrificio dell'Eucaristia, si attua l'opera della nostra redenzione, contribuisce in sommo grado a che i fedeli esprimano nella loro vita e manifestino agli altri il mistero di Cristo e la genuina natura della vera Chiesa. Questa ha infatti la caratteristica di essere nello stesso tempo umana e divina, visibile ma dotata di realtà invisibili, fervente nell'azione e dedita alla contemplazione, presente nel mondo e tuttavia pellegrina; tutto questo in modo tale, però, che ciò che in essa è umano sia ordinato e

[257] Cf. P. Sorci, *Paschale mysterium. Studi di liturgia*, 360-361.
[258] Cf. G. Trapani, *Nel corpo di Gesù Cristo la nuova umanità*, 364-365.
[259] Cf. P. Sorci, *Paschale mysterium. Studi di liturgia*, 366-369.

subordinato al divino, il visibile all'invisibile, l'azione alla contemplazione, la realtà presente alla città futura, verso la quale siamo incamminati. In tal modo la liturgia, mentre ogni giorno edifica quelli che sono nella Chiesa per farne un tempio santo nel Signore, un'abitazione di Dio nello Spirito, fino a raggiungere la misura della pienezza di Cristo, nello stesso tempo e in modo mirabile fortifica le loro energie perché possano predicare il Cristo. Così a coloro che sono fuori essa mostra la Chiesa, come vessillo innalzato di fronte alle nazioni, sotto il quale i figli di Dio dispersi possano raccogliersi, finché ci sia un solo ovile e un solo pastore».

La costituzione conciliare afferma così che la verità cristiana è evento dell'autotrascendenza di Dio in Gesù Cristo; di Dio fatto uomo che ha abbracciato tutte le epoche della storia, con la Sua presenza nella realtà e nella funzione della Chiesa. Una realtà fondata da Cristo per rendere accessibile ogni uomo all'autopromessa di Dio nella tangibilità della storia.

Gesù Cristo non sarebbe se stesso se la sua missione non rendesse perennemente attuale e presente l'autopromessa del Padre nella fede della Chiesa, nell'attualizzazione tangibile della promessa di Dio che si è fatta storia per gli uomini. In questo modo si è realizzato ciò che Balthasar ha definito *universale concretum*, la coniugazione di opposti, di Dio e dell'uomo che, nella missione della Chiesa, promana Cristo che agisce in essa per opera dello Spirito la cui azione fa sì che la Parola depositata nella scrittura divenga continuo dialogo tra Dio e il Suo popolo. La fede della Chiesa mette a tema il rapporto Dio-uomo alla luce del mistero dell'incarnazione e dell'evento pasquale del Verbo di Dio fattosi storia. [260]

Una radicale scelta, quella di Dio, nell'avere deciso di accostarsi così tanto alle sue creature, perché esse potessero conoscere se stesse e così abbandonarsi a Dio in modo altrettanto radicale nell'unità festosa della mensa eucaristica animata come tale dall'azione dello Spirito:

«Ma è soprattutto nell'eucarestia, centro di tutta la vita cristiana, culmine dell'azione con cui Dio santifica il mondo in Cristo, e del culto che gli uomini rendono al Padre adorandolo per mezzo di Cristo, che si esplica l'azione dello Spirito che dà la vita e santifica. Egli nel pane e nel vino dell'Eucaristia ci dona la presenza dell'unico sacrificio di Cristo e attraverso la partecipazione ai doni eucaristici egli stesso si comunica ai fedeli, li raduna in un solo corpo,

[260] Cf. G. Trapani, *Nel corpo di Gesù Cristo la nuova umanità*, 367-371.

un solo spirito, un solo sacrificio in Cristo. È il tema dell'epiclesi, presente, anche se in modalità e con accenti diversi, in tutte le preghiere eucaristiche».[261]

L'epiclesi, successiva all'anamnesi della morte e risurrezione di Cristo, è azione e momento di salvezza di Dio Padre per la comunità riunita. La partecipazione al banchetto festivo del pane e del vino, divenuti il corpo e il sangue di Gesù Cristo, ottiene ai riuniti la partecipazione alla pienezza dello Spirito Santo nel superamento di ciò che divide gli uomini come prospettiva di apertura verso una nuova realtà che crea unità:[262]

> «In realtà solamente nel mistero del Verbo incarnato trova vera luce il mistero dell'uomo. Adamo, infatti, il primo uomo, era figura di quello futuro (Rm5,14) e cioè di Cristo Signore. Cristo, che è il nuovo Adamo, proprio rivelando il mistero del Padre e del suo amore svela anche pienamente l'uomo a se stesso e gli manifesta la sua altissima vocazione. Nessuna meraviglia, quindi, che tutte le verità su esposte in lui trovino la loro sorgente e tocchino il loro vertice. Egli è l'immagine dell'invisibile Iddio (Col 1,15) è l'uomo perfetto che ha restituito ai figli di Adamo la somiglianza con Dio, resa deforme già subito agli inizi a causa del peccato. Poiché in lui la natura umana è stata assunta, senza per questo venire annientata per ciò stesso essa è stata anche in noi innalzata a una dignità sublime. Con l'incarnazione il Figlio di Dio si è unito in certo modo ad ogni uomo».[263]

Il mistero eucaristico, celebrato e vissuto nella Chiesa, è percettibilità di Dio. È evento che rende possibile l'esperienza di Dio non solo con la ragione della fede, ma con ogni dinamismo della nostra corporeità che ricerca la verità nell'esperienza percettiva della fede che passa anche attraverso i sensi umani. Essi divengono grammatica di Dio per l'uomo il quale è *capax Dei* alla luce del fatto che Dio si è reso *capax hominis*. La fede è interpellata nel riconoscere l'appello che l'uomo rivolge al «Tu» personale ed assoluto di Dio. È il mistero del sentire antropologico, dell'uomo che si apre alla divina sensibilità inscritta in lui, riconosciuta come ciò che incrementa la sensibilità giungendo alla sua piena evidenza solo nella rivelazione sensibile e storica del volto di Dio che si mostra nel *Logos*, nel Figlio incarnato.

Dal momento in cui il Verbo si è fatto carne, la sensibilità del corpo è stata elevata definitivamente nell'essere *capax Dei*. La verità della creazione è stata svelata in Cristo per quella che è, *imago Dei*, quale condizione escatologica dell'uomo che lo configura e lo

[261] P. Sorci, *Paschale mysterium. Studi di liturgia*, 376.
[262] Cf. *ib.*, 378-385.
[263] *Gaudium et spes* 22.

predestina alla comunione con Cristo. Si tratta del dono gratuito del Padre al Figlio, del Suo disegno salvifico attestato dalle scritture e custodito dalla tradizione della Chiesa che eleva la carne al fine soprannaturale, alla sua divinizzazione, alla sua vocazione ultima.

Il mistero del *Logos* incarnato, nella Sua rivelazione, ha svelato il mistero dell'uomo. Il principio del mistero della carne, dei sensi, relega l'uomo a Dio nell'eterna relazione con il Figlio fattosi uomo.[264]

Dio ha creato il mondo e l'umanità per Cristo e in vista di Cristo. Il Figlio incarnato è l'unico mediatore della creazione e della sua salvezza, così come leggiamo in *Lumen Gentium* al numero 1:

> «Cristo è la luce delle genti: questo santo Concilio, adunato nello Spirito Santo, desidera dunque ardentemente, annunciando il Vangelo ad ogni creatura (cfr. Mc 16,15), illuminare tutti gli uomini con la luce del Cristo che risplende sul volto della Chiesa. E siccome la Chiesa è, in Cristo, in qualche modo il sacramento, ossia il segno e lo strumento dell'intima unione con Dio e dell'unità di tutto il genere umano, continuando il tema dei precedenti Concili, intende con maggiore chiarezza illustrare ai suoi fedeli e al mondo intero la propria natura e la propria missione universale. Le presenti condizioni del mondo rendono più urgente questo dovere della Chiesa, affinché tutti gli uomini, oggi più strettamente congiunti dai vari vincoli sociali, tecnici e culturali, possano anche conseguire la piena unità in Cristo».

L'umanità riconosce la sua origine nel Padre, ed è sollecitata dallo Spirito verso la sua finale ricapitolazione. Cristo, che è Capo del corpo che è la Chiesa, principio e primogenito di coloro che risuscitano dai morti per ottenere il primato su tutte le cose, per piacere a Dio, ha fatto abitare in sé tutte le cose per riconciliarle con Dio stesso (cf. 1 Cor 8, 6). Nel mistero della Chiesa è racchiusa l'efficacia del *misteryon* rimasto nascosto nei secoli e realizzato in pieno da Cristo. La comunità credente diviene la tenda dell'Emmanuele per mezzo della quale cammina verso la fine dei tempi. Una presenza salvifica che si realizza pienamente nel mistero eucaristico, nella realtà sponsale che coinvolge tutti i battezzati col rimandarli alle Nozze escatologiche con l'Agnello.[265]

Il termine greco *Koinonia*, secondo l'uso degli autori sacri neotestamentari, ha assunto una doppia valenza che ha indicato sia la comunione alla mensa che l'esercizio della carità. Per

---

[264] Cf. P. Tomatis, *Accende lumen sensibus. La liturgia e i sensi del corpo*, CLV, Roma 2010 418-421.
[265] Cf. I. Siviglia, *Antropologia teologica in dialogo*, Edb, Bologna 2007, 168-169.

lungo tempo, successivamente all'epoca apostolica, il legame tra l'Eucaristia e la condivisione con i bisognosi è sussistita.

La liturgia della cena cristiana è recepita come il «luogo» dell'unità e della carità, nella quale il Signore non smette di lasciarsi distribuire dai convocati alla mensa perché essi possano giungere alle promesse della cena, così come la preghiera dell'assemblea riunita intorno all'altare raccoglie ed offre.[266] Nella colletta della cena del Signore del Giovedì Santo leggiamo infatti: «O Dio, che ci hai riuniti per celebrare la santa Cena nella quale il tuo unico Figlio, prima di consegnarsi alla morte, affidò alla Chiesa il nuovo ed eterno sacrificio, convito nuziale del suo amore, fa che dalla partecipazione a così grande mistero attingiamo pienezza e carità e di vita».[267]

L'Eucaristia è evento nel quale il credente accoglie e partecipa del dono di Dio a mani aperte, quale segno visibile di accoglienza e di offerta e, allo stesso tempo, personale conversione nell'essere assunti dal mistero celebrato.[268]

3.5.2 Dal Figlio al Padre...

Gesù Cristo nel contesto dell'ultima cena, nel suo lungo discorso riportatoci dal Vangelo di Giovanni, si rivolge al Padre suo con le seguenti parole (Gv 17, 6-11):

> «[Padre] ho manifestato il tuo nome agli uomini che mi hai dato dal mondo. Erano tuoi e li hai dati a me, ed essi hanno osservato la tua parola. Ora essi sanno che tutte le cose che mi hai dato vengono da te, perché le parole che hai dato a me io le ho date a loro. Essi le hanno accolte e sanno veramente che sono uscito da te e hanno creduto che tu mi hai mandato. Io prego per loro; non prego per il mondo, ma per coloro che tu mi hai dato, perché sono tuoi. Tutte le cose mie sono tue, e le tue sono mie, e io sono glorificato in loro. Io non sono più nel mondo; essi invece sono nel mondo, e io vengo a te. Padre santo, custodiscili nel tuo nome, quello che mi hai dato, perché siano una sola cosa, come noi».

Una preghiera con la quale Gesù ha manifestato la piena intenzione di portare a termine l'opera salvifica del progetto del Padre per gli uomini, quello cioè di renderli partecipi del

---

[266] Cf. L. M. Chauvet, *L'umanità dei sacramenti*, Qiqajon, Bose 2010, 211-212.
[267] CEI, *Messale Romano – riformato a norma dei decreti del conc. Vat. II e promulgato da papa Paolo VI*, Libreria Vaticana, città del Vaticano 1983.
[268] Cf. L. M. Chauvet, *L'umanità dei sacramenti*, 235.

legame che è proprio del Padre con il Figlio, nello Spirito. Un progetto attuato per mezzo dell'incarnazione del Figlio che ha permesso all'uomo di venire a conoscenza di essere partecipe dell'amore *agapico* di Dio. Il Padre dona al Figlio l'umanità per mezzo della Sua incarnazione; il Figlio restituisce al Padre ciò che da lui ha ricevuto, nell'ultima cena, lì dove ha reso esplicito il suo essere «pane vivo disceso dal cielo» (Gv 6,51), Eucaristia appunto.

Se è vero che solo in Dio si può conoscere Dio, è anche vero che solo nel modo in cui Egli ha voluto farsi conoscere è possibile conoscerlo. L'autore sacro del salmo 36 prega dicendo: «Alla tua luce vediamo la luce». Non si tratta del fondamento di una mistica spirituale dei sensi, bensì di una analogia di sensi tra il corporeo e lo spirituale. Un'analogia che permette di cogliere e rivisitare il *videre Deum* come *videre in Deum*, condizione trascendentale di ogni possibile sua conoscenza che passa attraverso la sensibilità di tutte le cose. Secondo quanto affermato dal teologo K. Rahner l'uomo, essendo spirito-nel-mondo, incontra e diviene se stesso solo nella mediazione simbolica della storicità in cui sperimenta e fa sua l'esperienza trascendentale attraverso l'ascolto sensibile della parola poiché, ontologicamente, è esistenzialmente soprannaturale. La sensibilità può trarre spunto dalla teologia della liturgia, per approdare all'intrinseca dimensione della Rivelazione come evento epifanico della fede del credente.[269]

3.5.3 ... nello Spirito Santo

Quanto è accaduto nella e con la vita di Gesù continua a perpetuarsi ad opera dello Spirito Santo, il quale non smette di estendere l'evento della risurrezione del Cristo oltre il limite del tempo e dello spazio, come evento di coinvolgimento di tutti gli uomini. Il fine ultimo della vocazione creazionale dell'uomo trova nella festosità dell'evento unitivo del banchetto la sua massima espressione e compimento. Si tratta dell'evento che trasfigura quanto di corruttibile c'è nell'uomo ad immagine del corpo glorioso del Risorto; l'autodonazione di Dio, nella persona del Figlio, che raggiunge ogni uomo nell'azione espansiva dello Spirito, si piega nel tempo perché Egli stesso possa essere accolto e vissuto dall'uomo nella Sua logica *agapica* di donazione divina:

> «Ebbene, compete allo Spirito realizzare la continuità tra ciò che è avvenuto in Gesù e ciò che viene donato a tutti gli uomini coinvolti nello stesso avvenimento escatologico; infatti, è lo

---

[269] Cf. P. Tomatis, *Accende lumen sensibus. La liturgia e i sensi del corpo*, 426-429.

stesso Spirito che ha adeguato l'umanità singolare di Gesù alla persona del Verbo e che ora può estendere la presenza del Risorto nella vita degli uomini; in questo modo, egli non solo diventa principio vitale dell'umanità nuova, ma rende possibili quei gesti che, ispirati alla vita di Gesù, sono compiuti dal Risorto stesso con la potenza trasfigurante dello Spirito e nell'accettazione credente della comunità ecclesiale. [...] la presenza dello Spirito garantisce la presenza indefettibile di Dio e la risposta adeguata dell'uomo; questo è l'aspetto 'incarnatorio' dello Spirito che rende possibile l'avvenimento della grazia nella concretezza della vita della comunità. Il dono dello Spirito dice l'irruzione dell'evento salvifico nella vita dell'umanità, la quale, progressivamente, viene condotta verso la pienezza della verità escatologica del Cristo. C'è una precedenza dell'evento sulla risposta consapevole dell'uomo. L'evento splende con la sua luce e l'uomo si lascia condurre all'abbandono della fede. [...] L'evento del Cristo risulterebbe incomprensibile senza la presenza dello Spirito, il quale consente di accadere alla divinità del Figlio di Dio attraverso e nei gesti della sua umanità».[270]

Quanto detto viene vissuto nella liturgia eucaristica sin dalla presentazione dei doni, dalla presentazione dei frutti del lavoro dell'uomo quale dono di Dio per lui: «Benedetto sei tu, Signore, Dio dell'universo: dalla tua bontà abbiamo ricevuto questo pane/vino, frutto della terra/vite e del lavoro dell'uomo; lo presentiamo a te, perché diventi per noi cibo/bevanda di vita eterna/di salvezza».[271] Ciò che l'uomo presenta con i suoi gesti, nella preghiera eucaristica, è trasformato dallo Spirito in partecipazione alla vita eterna di Dio; il canto della dossologia «Per Cristo, con Cristo e in Cristo, a te, Dio Padre onnipotente, nell'unità dello Spirito Santo, ogni onore e gloria per tutti i secoli dei secoli»,[272] esprime la gratuità attraverso cui si attua la salvezza per l'uomo.

Il pane e il vino, elementi della creazione, sono offerti perché diventino, per l'azione singolare dello Spirito, corpo e sangue di Cristo che immettono l'uomo, attraverso il sensibile degli elementi creati, nel dinamismo di unità dal Figlio al Padre:[273]

«Lo Spirito Santo soprattutto ci dona nel pane e nel vino dell'Eucaristia la presenza dell'unico sacrificio di Cristo e, attraverso la partecipazione ai doni eucaristici, egli stesso si comunica ai fedeli, li raduna in un solo corpo, un solo spirito, un solo sacrificio in Cristo, li inserisce cioè nel suo atteggiamento di adorazione e di obbedienza al Padre, di dedizione e di servizio ai

---

[270] C. Scordato, *Il settenario sacramentale. Riflessione sistematica*, vol. 1/III, 32-33.
[271] CEI, *Messale Romano – riformato a norma dei decreti del conc. Vat. II e promulgato da papa Paolo VI*, Libreria Vaticana, città del Vaticano 1983.
[272] *Ib.*
[273] Cf. L. M. Chauvet, *L'umanità dei sacramenti*, 236-237.

fratelli e di intercessione per il mondo, fa di essi la primizia e il lievito dell'umanità redenta, in attesa del giorno in cui tutte le creature, liberate dalla corruzione del peccato e della morte canteranno la gloria di Dio».[274]

L'Eucaristia rende attuale la donazione perpetua del Figlio al Padre per mezzo del quale l'amore di Dio raggiunge ogni uomo, interpellandolo in una risposta di fede dinanzi all'amore che gli viene donato nel sacrificio del Figlio. L'istituzione dell'Eucaristia, quale punto di partenza per la costruzione del regno di Dio, ha lo scopo di suscitare nel credente la motivazione di condividere con Cristo l'esperienza della totale donazione di sé. Non si tratta di vivere in maniera statica il *Logos* incarnato, si tratta di essere coinvolti dalla Sua dinamica di donazione. Si istaura un legame tra la celebrazione e la post-celebrazione come fede in atto che sfocia nell'applicazione del mistero vissuto nell'Eucaristia, nella vita quotidiana.[275]

Nella lettera enciclica *Deus caritas est* del sommo pontefice Benedetto XVI, al numero 13, leggiamo:

«A questo atto di offerta Gesù ha dato una presenza duratura attraverso l'istituzione dell'Eucaristia, durante l'Ultima Cena. Egli anticipa la sua morte e resurrezione donando già in quell'ora ai suoi discepoli nel pane e nel vino se stesso, il suo corpo e il suo sangue come nuova manna. Se il mondo antico aveva sognato che, in fondo, vero cibo dell'uomo — ciò di cui egli come uomo vive — fosse il *Logos*, la sapienza eterna, adesso questo *Logos* è diventato veramente per noi nutrimento — come amore. L'Eucaristia ci attira nell'atto oblativo di Gesù. Noi non riceviamo soltanto in modo statico il *Logos* incarnato, ma veniamo coinvolti nella dinamica della sua donazione. L'immagine del matrimonio tra Dio e Israele diventa realtà in un modo prima inconcepibile: ciò che era lo stare di fronte a Dio diventa ora, attraverso la partecipazione alla donazione di Gesù, partecipazione al suo corpo e al suo sangue, diventa unione. La mistica del Sacramento che si fonda nell'abbassamento di Dio verso di noi è di ben altra portata e conduce ben più in alto di quanto qualsiasi mistico innalzamento dell'uomo potrebbe realizzare».

Una partecipazione alla quale ogni uomo è chiamato a vivere certamente non solo all'interno della comunità celebrativa, ma anche e soprattutto come dimensione sociale immediatamente fuori il luogo e il tempo della celebrazione stessa, per tradurre in vita ordinaria il legame sussistente tra liturgia e vita cristiana. Ogni credente che partecipa al mistero

---

[274] P. Sorci, *Paschale mysterium. Studi di liturgia*, 403.
[275] Cf. V. Trapani, *La fede professata, celebrata, vissuta*, in «Ho Theológos» 3 (2006) 425-426.

eucaristico non può prescindere dalla certezza di essere stato reso partecipe di un mistero che opera la sua salvezza nella contemporaneità dell'evento della passione, morte e risurrezione di Cristo; la consapevolezza di partecipare ad un evento che non rimane confinato nel passato, ma di un evento reso perpetuamente presente.

La lettera enciclica *Ecclesia de Eucharistia* del sommo pontefice Giovanni Paolo II, al numero 11, sottolinea proprio tale aspetto nell'affermare che:

> «La Chiesa ha ricevuto l'Eucaristia da Cristo suo Signore non come un dono, pur prezioso fra tanti altri, ma come *il dono per eccellenza*, perché dono di se stesso, della sua persona nella sua santa umanità, nonché della sua opera di salvezza. Questa non rimane confinata nel passato, giacché tutto ciò che Cristo è, tutto ciò che ha compiuto e sofferto per tutti gli uomini, partecipa dell'eternità divina e perciò abbraccia tutti i tempi. Quando la Chiesa celebra l'Eucaristia, memoriale della morte e risurrezione del suo Signore, questo evento centrale di salvezza è reso realmente presente e "si effettua l'opera della nostra redenzione". Questo sacrificio è talmente decisivo per la salvezza del genere umano che Gesù Cristo l'ha compiuto ed è tornato al Padre soltanto *dopo averci lasciato il mezzo per parteciparvi* come se vi fossimo stati presenti. Ogni fedele può così prendervi parte e attingerne i frutti inesauribilmente. Questa è la fede, di cui le generazioni cristiane hanno vissuto lungo i secoli. Questa fede il Magistero della Chiesa ha continuamente ribadito con gioiosa gratitudine per l'inestimabile dono».

L'attuazione della salvezza, cioè dell'opera che permette all'uomo di partecipare alla relazione d'amore che lega il Padre al Figlio, avviene per opera dello Spirito Santo il quale è l'inviato del Padre per la preghiera del Figlio, con il compito di estendere in ogni tempo e ad ogni uomo la conformità a Cristo e di edificare così la Chiesa quale corpo di Cristo stesso, per mezzo del quale è possibile incontrare il Padre. L'opera dello Spirito Santo rende attuale nella Chiesa il mistero pasquale che, nella celebrazione eucaristica, fa rivivere la vittoria di Cristo sulla morte, guida alla pienezza della verità, distribuisce i suoi doni, suscita carismi e vocazioni secondo la sua libertà come di vento che soffia dove vuole, assiste il Magistero perché ne custodisca il deposito della fede.[276] La preghiera colletta della messa votiva dello Spirito Santo ci fa pregare con le seguenti parole: «O Padre, che nella luce dello Spirito Santo guidi i credenti alla conoscenza piena della verità, donaci di gustare nel tuo Spirito la vera sapienza e di godere sempre del suo conforto».[277]

---

[276] Cf. P. Sorci, *Paschale mysterium. Studi di liturgia*, 363-365.

[277] CEI, *Messale Romano – riformato a norma dei decreti del conc. Vat. II e promulgato da papa Paolo VI*, Libreria Vaticana, città del Vaticano 1983.

Lo Spirito Santo porta a compimento l'opera che Dio ha iniziato nell'Antico Testamento e realizzata nella Pasqua del Signore, resa manifesta all'assemblea liturgica dei battezzati i quali, nell'esercitare il loro servizio sacerdotale nel giorno del Signore, si offrono insieme a Cristo sommo sacerdote e intercedono con Lui presso il Padre perché diventino l'unica famiglia di Dio, uniti e concordi nel domandare quanto richiesto.[278] Nella preghiera colletta della VII domenica del tempo ordinario preghiamo infatti: «Il tuo aiuto, Padre misericordioso, ci renda sempre attenti alla voce dello Spirito, perché possiamo conoscere ciò che è conforme alla tua volontà e attuarlo nelle parole e nelle opere».[279]

Lo Spirito Santo nella celebrazione dell'Eucaristia, centro della vita cristiana e culmine dell'azione di Dio, raduna i credenti, unisce le loro voci nella preghiera, presenta al Padre il memoriale del sacrificio del Figlio, attualizza la pentecoste concedendo ai fedeli coraggio apostolico nell'annunciare il vangelo sino ai confini della terra.[280]

Nella celebrazione Eucaristica, fonte e culmine di tutta la vita cristiana, è rinchiuso tutto il bene spirituale della Chiesa. Essa è il culmine dell'azione di Dio il quale santifica il mondo nell'anticipare la vita eterna col rendere presente il mistero della passione, morte e risurrezione di Cristo, facendo dell'unico popolo di Dio un solo corpo con a capo Cristo.[281]

Il sacramento dell'Eucaristia unisce in modo intimo ed indivisibile la Chiesa con Cristo suo capo, ponendo l'attenzione su quella che è la volontà di Dio per l'uomo, della sua decisione in Cristo di condurre la sua vita, per mezzo del suo libero assenso, verso la grazia che scaturisce dal reciproco amore che lega il Padre al Figlio.

L'Eucaristia è un dono che non può non essere accolto a mani aperte, segno di stupore dinanzi ad un mistero così grande e, nello stesso tempo, riconoscenza della piccolezza umana che necessita di essere raggiunto e innalzato da Cristo verso Dio Padre: una dinamica di salvezza che, nel linguaggio liturgico, dice indissolubilità di relazione tra Dio e l'uomo. Un orizzonte a cui guardare come grazia santificante capace di donare la vita divina all'uomo.

L'Eucaristia è sacramento del *qui* ed *ora* che rende presente Dio nella Sua volontà di stare in mezzo al popolo da Lui scelto: l'uomo nel suo contesto sociale e culturale; l'uomo di ogni tempo oltre ogni confine, creato a immagine del Figlio suo Cristo Gesù, uomo perfetto.

---

278 Cf. P. Sorci, *Paschale mysterium. Studi di liturgia*, 367-374.

279 CEI, *Messale Romano – riformato a norma dei decreti del conc. Vat. II e promulgato da papa Paolo VI*, Libreria Vaticana, città del Vaticano 1983.

280 Cf. P. Sorci, *Paschale mysterium. Studi di liturgia*, 376-382.

281 Cf. CCC, 1325-1326-1327.

3.6 Una Eucaristia per la Chiesa

L'agire salvifico di Dio per l'uomo, lungo la storia della salvezza, si è reso tale nell'aver assunto la condizione antropologica, della Sua prossimità (veterotestamentaria) prima e dell'incarnazione di Cristo dopo, come via per l'uomo di vivere nella propria autocoscienza la trascendenza di Dio, inscritta nel proprio essere:

> «si è inteso il culto come condizione dell'equilibrio dell'individuo e, in particolare, come condizione trascendente della stessa autocoscienza, pertanto, della coscienza e di qualsivoglia esperienza. In tal senso, ci è stato possibile affermare che il culto è precondizione, non solo da un punto di vista storico, ma anche logico, di ogni cultura e persino del mondo stesso. È proprio l'idea di mondo, che include in sé la necessità di coordinare il mondo con ciò che è "nel mondo, ma non è del mondo ed è al di sopra del mondo", a presupporre il culto».[282]

Ogni forma di culto ha cercato di essere espressione del desiderio/bisogno dell'uomo di cogliersi dentro la volontà divina che lo fa sentire desiderato, voluto. Così il mondo è stato da sempre vissuto come mezzo per espletare la glorificazione di Dio, perché in esso è possibile leggere ed interpretare la manifestazione di Dio, nelle Sue opere:

> «Il mondo è creato a gloria di Dio. Scopo della vita dell'uomo è la glorificazione del Creatore, e pertanto la sua manifestazione in sé e nelle sue opere. Le radici del visibile sono nell'invisibile, i fini dell'intellegibile nell'inintelligibili. E il culto è il punto fermo dell'universo per il quale e sul quale l'universo esiste. La religione non può pensare in modo diverso. Per il momento, tuttavia, parleremo di una cosa sola: l'uomo. La biunità dell'uomo, il suo senso e la sua essenza, lo portano a due verità: alla verità del ***senso*** e alla verità dell'***essere***. Scisse, esigono entrambe una conferma».[283]

L'uomo trova conferma e consapevolezza di chi è solamente nel dialogo con il *Logos*; pone fine all'incapacità di comprendere il senso della sua vita, e non sente più il bisogno di dare ascolto alla focosa concupiscenza che lo spinge continuamente verso ciò che valore non ha a discapito della autentica ricerca di ciò che non ha misura:

---

[282] P. A. Florenskij, *La filosofia del culto*, San Paolo, Cinisello Balsamo (Mi) 2016, 242-243.
[283] *Ib.*, 243.

«Per quanto riguarda l'Eucaristia [e la penitenza] si può dire che con la loro ripetizione questi sacramenti s'inseriscono con rinnovata potenza nel corpo mistico di Cristo, rendendo così l'uomo sempre più idoneo al servizio per il "regno di Dio" nel posto che questi gli ha assegnato nel piano del corpo mistico. In tal modo il singolo membro diviene sempre più conforme a Cristo, il capo e il principio vitale, il principio formale e il glorioso principio finale di tutto il corpo mistico. L'elemento decisivo rimane sempre costituito dal fatto che i sacramenti non siano ricevuti solo corporalmente, *sacramentaliter*, ma anche nello Spirito di Cristo, *spiritualiter*, e nel modo dovuto».[284]

L'attenzione abbandona il «titano» volgendosi, con volontà e rigore, verso l'infinito che si lascia contemplare dal di dentro della pochezza dell'uomo. L'Eucaristia assume la forma dell'infinito contemplabile che ri-ordina nell'uomo la capacità di misura di sé nel mondo:

«[...] solo un nemico può separare nella creatura umana la misuratezza della facoltà, privando di contenuto la prima e di misura la seconda. E così, quando nel sacramento si ristabilisce quanto si è disgregato, la conseguenza è che la creatura umana è pervasa da un principio di misuratezza, la quale non è sottomissione esteriore alla misura, bensì interiore pervadersi di rigore. Da questo momento in poi è propria delle aspirazioni anche la cura delle norme della loro rivelazione: non "quanto più possibile", ma precisamente "ciò che serve"».[285]

La Chiesa è, così, realtà escatologica nella misura in cui è vissuta, nella fede consapevole dei suoi membri, come adunanza attorno all'unica mensa per la riconciliazione dell'uomo con sé e con gli altri, nella gioia sperimentata nella condivisione del pasto eucaristico:

«Perciò l'Eucaristia dev'essere considerata anzitutto nella sua funzione salvifica per tutta la Chiesa e non solo come mezzo di salvezza individuale. Come nell'antico Testamento la legge e il tempio con le sue feste, i suoi sacrifici e le sue istituzioni liturgiche, univano Israele, il popolo di Dio dell'antica alleanza, con Dio e in se stesso, così la nuova alleanza è stata fondata e radicata in Gesù Cristo. Il *Regno di Dio*, che questi ha portato, è lui stesso, la sua persona, la sua parola, e la sua opera. In lui gli uomini sono uniti con Dio e tra loro e perciò il "il regno di Dio in questo mondo" diviene possibile e reale».[286]

---

[284] J. Auer-J. Ratzinger, *Il mistero dell'eucaristia*, Cittadella editrice, Assisi 1989, 87-88.
[285] P. A. Florenskij, *La filosofia del culto*, 244.
[286] J. Auer-J. Ratzinger, *Il mistero dell'eucaristia*, 391-392.

È quanto è stato operato da Gesù durante tutto il Suo ministero, il quale non aveva mai disdegnato di essere circondato da pubblicani e peccatori, da quanti furono considerati da Gesù stesso malati bisognosi del medico, smarriti che necessitavano di trovare la propria salvezza lontano dalla logica (errata) dell'emarginazione della classe istituzionalizzata del popolo, per sentirsi riconciliati, desiderati, tra i fratelli nel mondo. Una modalità nuova del Suo agire che ha cercato di tradurre in operatività il significato della vicinanza del regno di Dio. Una modalità operata sempre alla presenza dei suoi discepoli come segno significativo della nuova convocazione del popolo scelto da Dio per la sua ricostituzione e il suo rilancio verso la ri-comprensione della salvezza operata da Dio per ogni uomo:

> «La convocazione dei discepoli segna un aspetto importante della vita di Gesù. La ricostituzione del popolo, simboleggiato dai dodici apostoli (a somiglianza delle dodici tribù) e la chiamata al discepolato come sequela del Signore sono il dabar che delinea il configurarsi della comunità escatologica, radunata come segno visibile dell'avvicinamento del regno di Dio. Nella chiamata all'apostolato e al discepolato Gesù celebra la convocazione escatologica che inizialmente riguarda il popolo della promessa, ma lentamente va aprendo i suoi orizzonti verso tutti i popoli in vista dell'unico popolo di Dio; in essa Gesù celebra la possibilità che la convivenza umana possa realizzarsi come è stata pensata e voluta dal Padre».[287]

Nel sacramento dell'Eucaristia, nel mistero della morte e risurrezione del Figlio di Dio, l'uomo supera la singolarità della propria condizione dominata dall'inclinazione del tentativo sempre presente di essere condotto alla morte.

La Chiesa è realtà dentro la quale il Suo tutto riguarda tutti, dove avviene la rottura del senso del carattere privato dell'uomo, segno della corruzione che persiste nei suoi membri:

> «Lo ripeto, nella Chiesa *nulla* può compiersi che non riguardi la Chiesa tutta; allo stesso modo, quanto viene compiuto abbraccia tutta l'esistenza di ogni membro della Chiesa, in tutte le sue necessità. Non a caso uno dei testi liturgici più necessari è detto *Trebnik*, o più correttamente, come lo si chiamava anticamente, *Potrebnik*. Come il nome stesso sta ad indicare, è quel testo liturgico della Chiesa in cui è raccolto e contenuto tutto ciò che è necessario a ciascun figlio della Chiesa ortodossa dal giorno della sua nascita al suo ultimo respiro sulla terra».[288]

---

[287] C. Scordato, *Il settenario sacramentale. Introduzione e indagine biblica*, vol. 1/I, Pozzo di Giacobbe, Trapani 2007, 79.
[288] P. A. Florenskij, *La filosofia del culto*, 255.

La Chiesa è la comunità dentro la quale, in virtù della condivisione della propria vita e bisogni attorno alla mensa eucaristica, è possibile rompere ogni forma di isolamento che induce l'uomo a ripiegarsi in un senso di desolazione capace di turbare l'equilibrio della sua esistenza. L'Eucaristia è l'unione alla morte e alla risurrezione di Cristo, a Colui che, nello Spirito Santo, non ha mai smesso di essere congiunto al Padre: è alimento che possiede una portata assoluta per la pienezza totale dell'uomo che necessita di nutrirsi di Dio, della Sua realtà corporea.

Proprio nella potenzialità insita della convivialità, Gesù, con la prima moltiplicazione dei pani, ha realizzato la nuova ed escatologica prospettiva, per l'Israele ricostituito, con l'apertura verso le grandi folle radunate dalla Sua Parola, pienamente manifestata nella seconda moltiplicazione:

> «Le allusioni ai testi veterotestamentari sono molteplici (Mosè, il pastore ed il prato verde, il banchetto festoso...); essi vengono ripresi per indicare che è ormai venuto il tempo escatologico in cui il Messia, guidando il popolo nel deserto, lo nutre con la sua parola ed il suo pane, trasformando il deserto in un luogo di banchetto e di festa, non senza motivi paradisiaci dell'erba verde, dell'esultanza conviviale e della sovrabbondanza dei beni escatologici».[289]

L'Eucaristia è dimensione escatologica; essa è memoriale di ciò che è accaduto nell'ultima cena, pertanto costituisce la Chiesa come realtà in cui la storia (memoriale dopo memoriale) coincide con il tempo dell'*eschaton*. La Chiesa, dunque, è semplicemente una «istituzione»,[290] un'opportunità per lasciare divenire l'essere che è l'uomo, nel mondo per legarsi a Dio.

---

[289] C. Scordato, *Il settenario sacramentale. Introduzione e indagine biblica*, vol. 1/I, 88.

[290] La Chiesa è comunemente considerata un'*istituzione*, un'organizzazione determinata da leggi fisse di governo (il diritto canonico) e appesantita dalle nozioni di *potestas*, *diritto divino* ecc., in cui tutto si dispone secondo un *ordine*. È ancora possibile parlare di esperienza mistica in questo caso? Categorie quali ordine, istituzione, ecc., non escludono automaticamente ciò che di norma chiamiamo "esperienza mistica"? il fatto che esista, nella mente di molti, una tale incompatibilità, è evidente dalle varie contrapposizioni o dagli schemi antitetici che sono diventati il linguaggio corrente dei teologi. Sarebbe sufficiente pensare, ad esempio, allo schema *Amt und Geist* (ufficio/autorità e spirito) introdotto da A. Harnack e R. Sohm e che, implicitamente o esplicitamente, è da allora onnipresente nelle ecclesiologie moderne: gerarchia, ministeri ecc. sono incompatibili con il *Geist*, cioè con lo Spirito di libertà che "soffia dove vuole" (Gv 3,8). Altri schemi artificiali, come quello carisma/istituzione, indicano nella stessa direzione. E non si tratta semplicemente di costruzioni e schematizzazioni teoretiche: tutta la storia della Chiesa sembra mostrare che carisma e istituzione sono spesso in conflitto tra loro. [...] Se il termine μυστικός è inteso nel modo in cui era originariamente usato nella Chiesa antica, allora non solo diventa possibile, ma è addirittura obbligatorio separare il suo significato dallo straordinario, o dall'inconsueto, per collegarlo all'esperienza di *tutto* il corpo ecclesiale. Infatti il termine μυστικός deriva dal verbo μύω, verbo che sta alla radice della parola *mysterion* (μυστήριον), con cui la Chiesa antica indicava esperienze comuni a tutti i suoi membri, come il battesimo e l'Eucaristia, senza le quali nessuno poteva essere detto membro della Chiesa (I. Zizioulas, cit., 329-331).

Nella Chiesa è possibile istaurare le relazioni tra gli uomini e Dio, nella temporalità spesa all'interno della dimensione del mondo, vissuto in tutta la sua potenzialità di creazione di Dio. Solamente il bisogno proveniente dalle categorie dell'esistenza umana può mettere insieme, come unica realtà, il sacramento dell'Eucaristia con il sacramento che è la Chiesa, corpo mistico di Cristo:

> «Tutte le forme di mistica sembrano avere a che fare con il desiderio dell'uomo, direi anzi con il suo profondo bisogno esistenziale, di colmare la distanza tra ciò che egli di fatto è o sperimenta e ciò che lo trascende. In ambito religioso questo significa colmare la distanza tra l'essere umano e divino, sia con ciò si allude ad un essere personale o ad uno stato di esistenza al di là di quello attuale. La mistica ha dunque sempre a che fare con la soteriologia ed è l'aspetto di una relazione che potremmo chiamare "positiva", cioè di un rapporto che sottolinea *l'unità* piuttosto che la distanza e l'alterità».[291]

L'azione dello Spirito Santo, datore di vita, apre l'esistenza dell'uomo, il suo originario bisogno di Dio, alla prospettiva relazionale di comunione (eucaristica).

Lo Spirito agisce oltre la storia come prolungamento e costante presenza escatologica di Cristo nel tempo, mostrandolo come Colui la cui azione soteriologica si traduce nella donazione di Sé per «i molti» recepita dalla coscienza umana come l'«essere per noi»: il Figlio di Dio è intrinsecamente plurale, nella partecipazione di Sé ai «molti», nella comunione di Dio: «la Messa dei fedeli non va concepita come solo il costituirsi della presenza reale di Cristo nel sacramento, in funzione di una comunione intesa il più possibile in senso individualistico [...] Non dobbiamo tollerare che ci si restringa a questa concezione individualistica, perché essa, se non in teoria, almeno in pratica, sarebbe una mutilazione della fede».[292]

La Chiesa, in virtù del sacrificio eucaristico offerto per amore, è un unico popolo indivisibile, pur nella pluralità dei «molti» che la compongono, divenendo, per l'azione singolare unitiva dello Spirito, mistero di unità tra Dio e gli uomini (tra loro):

> «Gli uomini hanno già sperimentato da sempre il banchettare come il più forte mezzo della comunità; ma qui, dove essi mangiano l'unico pane divino – il Signore stesso volle divenir tale per noi – ciò acquista una forza straordinaria; non si tratta, in fine dei conti, di nient'altro che della incorporazione nel corpo del Signore, dentro la realtà del Cristo risorto; con quanta

[291] *Ib.*, 335-336.

[292] K. Rahner, *Chiesa e sacramenti*, Morcelliana, Brescia 1969, 20.

intensità venga pensato il processo che qui si svolge, lo si può comprendere nelle ardite parole di San Paolo; egli afferma che tutti voi siete una cosa sola in Cristo Gesù (Gal 3,28). L'unicità della mensa di Dio è espressione, nello stesso tempo, dell'ospitalità dei cristiani, poiché colui che prende parte alla mensa divina insieme agli altri, è esortato a partecipare e a stare insieme anche in altre occasioni; egli è coinquilino dell'altro nel significato più intensivo».[293]

La realtà ecclesiale, corpo di Cristo, è tale solo nella completezza dell'incorporazione personale ad essa di ogni uomo, per opera dello Spirito Santo: la pentecoste è l'evento che ha donato alla Chiesa la sua identità; evento che si è realizzato, in entrambi i racconti (Gv 20,19-29; At 2,1-13), quando i presenti erano tutti riuniti, in uno stesso luogo, attorno all'unica mensa. Lo stare insieme permette il superamento del pericolo dell'individualizzazione, facendo di ogni singolo il corpo di «molti»:

> «Egli [il cristiano] recita il "Padre nostro" e si congiunge così con tutti i figli di Dio in un unico "noi". Egli ode che il Signore ha compiuto il servizio della sua vita "per molti" (Mc 10,45; 14,24), cioè per l'umanità. Egli riconosce così che la famiglia di Dio, che si raccoglie nella Chiesa, non esiste esclusivamente per sé, ma è qui per lasciare aperti occhio e cuore a favore di tutti i figli di Dio. [...] L'uomo, che in un primo momento non riconosce e non realizza l'altro, il forestiero, colui che occupa un posto inferiore, come fratello, ma proprio come straniero, come altro, viene chiamato a scoprire il fratello dimenticato e a far nascere così da una pura possibilità una realtà».[294]

La comunità riscopre la propria identità donatale dalla efficace salvifica signoria di Dio, solo nel Risorto che, attorno all'unica mensa, l'ha riunita a Sé nella convivialità dentro cui è possibile vivere la piena assimilazione a Dio, nella introiezione del regno di Dio reso pane e vino, corpo e sangue di Gesù Cristo:

> «non c'è niente che possa sfuggire all'*amen* che Dio ha proclamato per sempre a tutti gli uomini ed il ministero dei discepoli del Signore è segnato dalla incontenibilità di questo annunzio, né prevede limiti nel suo esercizio. [...] La presenza dei peccatori nella comunità non pone propriamente un problema di "remissibilità" dei peccati relativamente a Dio o a Gesù Cristo; infatti il peccato non è più forte della misericordia di Dio, il Figlio dell'uomo è venuto

---

[293] J. Ratzinger, *Dogma e predicazione*, Queriniana, Brescia 2018³, 198-199.
[294] *Ib.*, 199-200.

per i peccatori, ed il perdono di Dio non può essere minore di quello cui è invitato il cristiano (perdonare 70 volte 7!)».[295]

L'uomo, attorno alla mensa eucaristica, fa esperienza di cosa sia la Chiesa; fa esperienza del dono dell'accoglienza dell'altro come opportunità di rendere realtà una possibilità, rendere cioè «uomo» se stesso e il fratello incontrato, nella gioia condivisa del banchetto che rende «uno» i commensali. Un'esperienza che lascia parlare la propria natura che è ad immagine del regno:

> «l'esperienza mistica non è semplicemente *una partecipazione ad una realtà oggettivamente data, ma un coinvolgimento in un insieme di nuovi eventi*. Il corpo di Cristo *è* se *diventa* ripetutamente ciò che è, come se non fosse affatto ciò che è. Lo Spirito fa discendere i carismi dal futuro, dall'*eschaton*, come nuovi eventi, non li suscita dalla storia come se questa fosse un deposito della grazia. L'esperienza mistica è allora una partecipazione come *anticipazione*, un irrompere del regno nella storia non "in modo da attirare l'attenzione", ma come "un ladro di notte". La mistica spirituale è perciò di natura *escatologica*».[296]

Chiesa ed Eucaristia sono realtà che coincidono: l'una proviene dall'altra e viceversa,[297] nella misura in cui la Chiesa si autocomprende come realtà il cui compito è quello di manifestare, nella storia di ogni tempo, la contemporaneità della salvezza operata da Gesù Cristo:

---

[295] C. Scordato, *Il settenario sacramentale. Introduzione e indagine biblica*, vol. 1/I, 122-123.

[296] I. Zizioulas, *Comunione e alterità*, 340.

[297] Secondo l'idea centrale di una ecclesiologia eucaristica, la chiesa, tanto nella sua essenza quanto nella sua forma visibile, è comunità eucaristica e la comunità eucaristica è chiesa. Spunti per una ecclesiologia eucaristica si trovano nella costituzione dogmatica sulla chiesa *Lumen gentium*, e nel decreto sull'ecumenismo *Unitatis redintegratio* (cf. H. Hoping, *Il mio corpo dato per voi. Storia e teologia dell'eucaristia*, Queriniana, Brescia 2015, 336); È venuto quindi il Figlio, mandato dal Padre, il quale ci ha scelti in lui prima della fondazione del mondo e ci ha predestinati ad essere adottati in figli, perché in lui volle accentrare tutte le cose (cfr. Ef 1,4-5 e 10). Perciò Cristo, per adempiere la volontà del Padre, ha inaugurato in terra il regno dei cieli e ci ha rivelato il mistero di lui, e con la sua obbedienza ha operato la redenzione. La Chiesa, ossia il regno di Cristo già presente in mistero, per la potenza di Dio cresce visibilmente nel mondo. Questo inizio e questa crescita sono significati dal sangue e dall'acqua, che uscirono dal costato aperto di Gesù crocifisso (cfr. Gv 19,34), e sono preannunziati dalle parole del Signore circa la sua morte in croce: «Ed io, quando sarò levato in alto da terra, tutti attirerò a me» (Gv 12,32). Ogni volta che il sacrificio della croce, col quale Cristo, nostro agnello pasquale, è stato immolato (cfr. 1 Cor 5,7), viene celebrato sull'altare, si rinnova l'opera della nostra redenzione. E insieme, col sacramento del pane eucaristico, viene rappresentata ed effettuata l'unità dei fedeli, che costituiscono un solo corpo in Cristo (cfr. 1 Cor 10,17). Tutti gli uomini sono chiamati a questa unione con Cristo, che è la luce del mondo; da lui veniamo, per mezzo suo viviamo, a lui siamo diretti (LG 3).

«L'Eucaristia è [...] l'attuazione suprema della natura della Chiesa stessa, perché questa non è e non vuole appunto essere altro che la presenza di Cristo nello spazio e nel tempo. E in quanto tutti partecipano alla medesima mensa di Cristo – che è nel contempo donatore e dono – l'Eucaristia è anche il segno, la manifestazione e l'attuazione più reale e più viva della Chiesa, dal momento che questa è l'ultima unità degli uomini nello Spirito fondata da Dio per grazia e porta a manifestazione questa unità».[298]

La Chiesa è la modalità voluta e attuata da Dio, nell'evento Gesù Cristo, per mezzo della quale Egli rimane presente tra gli uomini con la Sua Parola sacramentale, perché il popolo di Dio possa giungere a Lui, nell'unità. L'identità della Chiesa, che nasce dall'identità relazionale di Dio in Sé, può essere compresa solamente nella logica comunionale che riflette pienamente il modo di essere di Dio, nell'economia soteriologica di Gesù Cristo, quale segno tangibile della presenza del regno di Dio tra e per gli uomini di ogni tempo.

La volontà soteriologica di Dio, in Gesù Cristo, ha voluto far «gustare» il Suo sapore all'uomo nell'averlo invitato alla Sua mensa: l'Eucaristia genera comunione tra gli uomini nella continuità Parola – corpo di Cristo, facendo del popolo di Dio la Chiesa, sacramento di Gesù Cristo. I «molti» invitati al banchetto eucaristico sono coloro che sono chiamati a sperimentare lo stesso evento sconvolgente vissuto dagli apostoli, nel fare esperienza di che cosa significhi per la propria vita partecipare della vita di Dio in Cristo Gesù. È nella Chiesa, riunita attorno all'unica mensa eucaristica, che è possibile fare esperienza del principio di unità, della modalità di salvezza di Dio per l'uomo. Nel sacramento dell'Eucaristia «l'unità della Chiesa è significata ed attuata»:[299] è esperienza immediata per quanti accolgono l'annuncio evangelico nel suo significato; per quanti vivono come propria l'esperienza che viene comunicata nella donazione di Dio di Sé attorno alla mensa.

L'unità ecclesiale si manifesta in tutta la sua potenzialità non come valore da assumere di una legge esterna, ma nel legame che proviene dall'interiorità profonda dell'uomo, raggiunta dalla introiezione del pane spezzato: la Chiesa è, dunque, comunione eucaristica.[300]

---

[298] K. Rahner, *Corso fondamentale sulla fede. Introduzione al concetto di cristianesimo*, Paoline, Roma 1977, 523.

[299] Cf. *Unitatis Redintegratio* 2.

[300] Henri de Lubac, nel suo studio ormai classico *Corpus mysticum*, esamina in dettaglio la storia di questo concetto, per concludere con un'osservazione che riconduce direttamente al nostro tema. Egli nota (e questo è confermato da altri studi, come quelli di Yves Congar) che, a partire dal XIII secolo, quest tre usi dell'espressione "corpo di Cristo" (in senso cristologico, ecclesiologico ed eucaristico) sono attentamente distinti dagli scolastici, fino ad acquisire significati completamente diversi e veramente indipendenti. È in questo contesto che l'espressione "corpo mistico di Cristo" comincia ad essere riferita esclusivamente alla Chiesa e ad assumere un significato del tutto specifico. Le conseguenze di questo sviluppo sono state molto importanti nel corso della storia. Esso è stato accompagnato dalla tendenza della teologia scolastica a trattare i sacramenti (compresa l'Eucaristia) come materia autonoma, sia rispetto alla cristologia che all'ecclesiologia. Ciò significa che or possiamo parlare

L'evento della morte e risurrezione di Cristo si perpetua nella continuità Parola – pane come evento la cui potenzialità agisce nella storia attualizzandolo, facendo (ri)vivere la gloria di Cristo nel mondo come opportunità di trasformazione della realtà dell'uomo, e del mondo stesso, nella comprensione e partecipazione al suo fine ultimo.

Accostarsi alla mensa del corpo e sangue di Cristo significa partecipare all'attesa escatologica della vita nuova di Dio in Cristo; è il momento di svolta della storia perché vissuta nel pieno del suo significato, nel superamento dei fallimenti umani quale causa della svalutazione del valore della fratellanza possibile da vivere nelle relazioni tra gli uomini in «pace» (cf. Mt 10, 11-14; Lc 10, 5-6. 24, 36; Gv 20,19.21.26), nel e con il mondo. La perpetuazione eucaristica permette l'unità nel tempo e nello spazio come attesa escatologica, perché attualizza la morte e risurrezione di Cristo come evento che continuamente «fa nuove tutte le cose» (cf. Ap 21,5).[301]

---

del "corpo mistico di Cristo", la Chiesa, senza riferirci necessariamente e automaticamente all'Eucaristia – e neppure al corpo personale del Cristo storico e risorto – come accadeva invece con Paolo e nella Chiesa antica. *Corpus mysticum* doveva essere usato per la Chiesa soltanto, e soprattutto per la Chiesa nella sua esistenza celeste, ideale e invisibile, per la "comunione dei santi", che trascende e sfugge alla nostra esperienza quotidiana. [...] cioè la sua identificazione con ciò che sta al di là dell'ordinario e dello storico e supera ogni comprensione (cf. I. Zizioulas, cit., 333-334); Lo stretto legame tra chiesa ed Eucaristia permette di chiarire il triplice significato di *corpus Christi*: il corpo storico di Cristo sulla croce, il corpo eucaristico di Gesù Cristo e il corpo di Gesù Cristo che è la chiesa. L'ecclesiologia eucaristica mette in evidenza come l'Eucaristia non sia un sacramento isolato, accanto ad altri segni sacramentali, ma come la comunione eucaristica e la comunione ecclesiale siano in strettissimo rapporto reciproco. Fra coloro che partecipano pienamente alla celebrazione eucaristica non ci può essere niente che costituisca una divisione a livello fondamentale poiché per la partecipazione al corpo e ala sangue di Cristo noi «diventiamo un solo corpo e un solo spirito» (1 Cor 10,16s), è una specie di testo fondamentale per la concezione della chiesa come comunione (*communio*) per mezzo della partecipazione (cf. H. Hoping, cit., 337-338).

[301] Cf. S. Dianich, *La Chiesa mistero di comunione*, Marietti, Genova-Milano 2011, 83-88; D. N. Power, *Il mistero eucaristico*, Queriniana, Brescia 1997, 70-71.

Conclusioni

Quanto fin qui scritto non può e non vuole avere la pretesa di esaurire la ricerca del tema scelto. Vuole semplicemente essere punto di partenza per un percorso che attenzioni la questione teologica che la redazione marciana ha posto nell'accostamento della rivelazione di Gesù in contesti di mensa.

La scelta di partire dalla perfezione della creazione, dall'atto singolare della volontà di Dio, che ha posto l'uomo nel «dove» della compartecipazione della pienezza della vita intradivina, è servita per cogliere, nella sua profondità, il significato della gratuità di Dio. L'effetto che essa ha sull'uomo dimostra essere l'unica opportunità per la ricerca e il raggiungimento della sua pienezza, per il fine segnato nel suo intimo dall'immagine di Dio, in lui impressa. È stato necessario ripercorrere il principio creazionale perché lo stesso agire di Gesù Cristo, nella comunione con il Padre nello Spirito, di fatto, è stata azione che ha ridato ed ha permesso di superare quanto dall'uomo non è stato interpretato correttamente nella sua potenzialità d'origine.

La difficoltà dell'uomo di cogliere il significato di Colui che rifugge da ogni sua possibile comprensione, ha dato adito all'autoreferenzialità che ha permesso il suo smarrimento, pur nella vicinanza del creatore, presente in ogni cosa da Lui posta in essere. Il Dio incontenibile che precede e che ha dato forma ad ogni cosa creata, nell'aver segnato l'uomo con la Sua immagine, lo ha compenetrato di una nostalgia tale da aver riempito ogni sua espressione e gesto; essi sono la grammatica dell'attesa certa di Dio che, nel Suo precedere ogni cosa, contiene già l'uomo. La prossimità di Dio all'uomo è possibilità della sua ascesa verso Colui la cui vita è presentata come festosità che si consuma attorno ad un banchetto. L'inevitabile partecipazione ad esso permette di gustare l'incontro con il Creatore dall'interno della Sua vita.

Proprio dalla festosità di un banchetto, tutta la Sacra Scrittura ci permette di cogliere come esso sia luogo propizio scelto da Dio che ha deciso di andare incontro all'uomo. Cosicché, il necessario bisogno biologico diviene luogo della manifestazione di Dio che, nella gioia della condivisione, ridona all'uomo la possibilità di ricentrarsi nella prossimità del Creatore per continuare a vivere del respiro del senso dell'autentica libertà.

Nel banchetto, luogo dove si attua la convocazione di Dio per Israele, l'uomo consolida la consapevolezza di dovere abbandonare ogni pretesa di dare adito alla propria singolare visione di sé nel mondo. Una tensione per l'uomo che lo conduce costantemente verso l'instancabile agire liberatore di Dio della terra promessa: la mensa eucaristica, memoriale della redenzione ultima istituita da Gesù Cristo nell'ultima cena. Così, la risposta partecipativa dell'uomo all'offerta di Dio, secondo l'agire salvifico di Cristo, è possibile dall'interno della vita dell'uomo, nella prospettiva soteriologica del banchetto eucaristico.

L'Israele marginalizzato dall'istituzione giudaica, è entità corporativa che rappresenta la condizione dell'uomo che, a causa della propria condizione di frammentazione interna, necessita di una ricostituzione che ridoni unità ed integrità all'uomo.

L'invito alla «sequela» che Gesù ha posto a quanti da Lui incontrati, dinanzi al quale si riconoscevano bisognosi di guarigione, diventava movimento interiore dei raggiunti che lasciava prendere, nell'immediato della situazione, le distanze dalla massa impersonale che li vincolava al silenzioso e turbolento accondiscendere del mortale quieto vivere. La pretesa di fede che Gesù sollecitava era la condizione necessaria perché la relazione di salvezza prendesse avvio, nella condivisione della mensa, quale fonte di guarigione definitiva: solamente il faccia a faccia con Gesù permette la guarigione, il risanamento di chi in Lui si riconosce.

L'Eucaristia non è soltanto guarigione dall'infermità del peccato e dell'autoesaltazione umana, ma rivela l'ulteriore grandezza di Dio il quale chiama l'uomo alla piena assimilazione alla sua vita intradivina; si tratta di un incremento assimilativo che anticipa l'assimilazione mai esauribile, neppure nella condizione della vita eterna.

Il contenuto della trattazione di questo scritto, vuole essere una presa di visione che evidenzi il superamento della concezione mitologica dell'uomo, col giungere così ad inquadrare la situazione dell'uomo che, per «vocazione», si riconosce come tale in Colui del quale egli è immagine.

Il bisogno della religiosità dell'uomo, insita condizione che lo connota, è principio ispiratore che lo spinge a muoversi verso l'incontro escatologico con Dio; appuntamento che si consuma eternamente attorno alla festosità di un banchetto, i cui invitati sono incoraggiati dalla possibilità di giungere alla propria pienezza sin dalla convocazione alla partecipazione dell'unica comunità riunita, che è la Chiesa.

Bibliografia

Auer J. - Ratzinger J., *Il mistero dell'eucaristia*, Cittadella editrice, Assisi 1989.

Bacchiega M., *Il pasto sacro. Dal cannibalismo rituale all'ostia consacrata*, Bastogi, Foggia 1982.

Balthasar H. U. V., *Escatologia nel nostro tempo. Le cose dell'uomo e il cristianesimo*, Queriniana, Brescia 2017.

Balthasar H. U. V., *Teologia dei tre giorni*, Queriniana, Brescia 1990.

Balthasar H. U. V., *Teologia della storia*, Morcelliana, Brescia 1969.

Barbiero G., *Cantico dei cantici. Nuova versione, introduzione e commento*, Paoline, Milano 2004.

Belano A., *Il vangelo secondo Marco. Traduzione e analisi filologica*, Aracne, Roma 2010.

Blenkinsopp J., *Ezechiele*, Claudiana, Torino 2006.

Bonaccorso G., *Il corpo di Dio*, Cittadella, Assisi 2006.

Brueggemann W., *Geremia*, Claudiana, Torino 2015.

Cardellini I., *I sacrifici dell'antica alleanza. Tipologie, Rituali, Celebrazioni*, San Paolo, Cinisello Balsamo (Mi) 2001.

CEI, *Messale Romano – riformato a norma dei decreti del conc. Vat. II e promulgato da papa Paolo VI*, Libreria Vaticana, città del Vaticano 1983.

Chauvet L. M., *L'umanità dei sacramenti*, Qiqajon, Bose 2010.

Chenù M. D., *La Chiesa nel mondo. I segni dei tempi*, Vita e Pensiero, Milano 1965.

Childs B. S., *Isaia*, Queriniana, Brescia 2005.

Cimosa M., *Proverbi. Nuova versione, introduzione e commento*, Paoline, Milano 2007.

Coda P. – Clemenzia A. – Tremblay J., in *Un pensiero per abitare la frontiera*, Città Nuova, Roma 2016.

De Chardin P. T., *L'avvenire dell'Uomo*, Jaca Book, Milano 2011.

Deiana G., *Levitico. Nuova versione, introduzione e commento*, Paoline, Milano 2005.

Destro A. – Pesce M., *L'uomo Gesù*, Mondadori, Milano 2008.

Dianich S., *La Chiesa mistero di comunione*, Marietti, Genova-Milano 2011.

Eliade M., *Trattato di storia delle religioni*, Bollati Boringhieri, Gravellona Toce (Vb) 2016.

Florenskij P. A., *La filosofia del culto*, San Paolo, Cinisello Balsamo (Mi) 2016.

Galbiati E., *L'eucaristia nella bibbia*, Jaca Book, Milano 1999.

García J. G., *Teologia del tempo*, EDB, Bologna 2014.

Gerleman G., *Mangiare*, in *Dizionario teologico dell'antico testamento*, a cura di E. Jenni – C. Westermann, Marietti, Torino 1978.

Giuntoli F., *Genesi. Introduzione, traduzione e commento*, San Paolo, Cinisello Balsamo (Mi) 2013.

Gnilka J., *Marco*, Cittadella, Assisi 2007.

Grasso S., *Vangelo di Marco. Nuova versione, introduzione e commento*, Paoline, Milano 2003.

Grudem W., *Teologia sistematica*, GBU, Chieti 2014.

Guida A., *Vangelo secondo Marco*, in *I Vangeli*, a cura di R. Manes – A. Guida – R. Virgili – M. Nicolaci, Ancora, Milano 2015.

Hoping H., *Il mio corpo dato per voi. Storia e teologia dell'eucaristia*, Queriniana, Brescia 2015.

Jousse M., *La manducazione della Parola*, Edizioni Paoline, Roma 1980.

Kerényi K., *Miti e misteri. La scoperta dei temi mitologici fondamentali. Il mito come radice e primo archetipo psichico*, Bollati Boringhieri, Gravellona Toce (Vb) 2017.

Klappert B., *Cena del Signore*, in *Dizionario dei concetti biblici del nuovo testamento*, a cura di L. Coenen – E. Beyreuther – H. Bietenhard, EDB, Bologna 1976.

Kobel E., *Dining with John. Communal meals and identity formation in the fourth gospel and its historical and cultural context*, Brill, Boston 2011.

Lacan M. F., *Manna*, in *Dizionario di teologia biblica*, a cura di X. Dufour, Marietti, Torino 1968.

Ladaria L. F., *Gesù Cristo salvezza di tutti*, EDB, Bologna 2009.

Legasse S., *Marco*, Borla, Roma 2000.

Líndez J. V., *Sapienza*, Borla, Roma 1990.

Mateos J. – Camacho F., *Il vangelo di Marco. Analisi linguistica e commento esegetico*, vol. 1, Cittadella editrice, Assisi 2010.

Mateos J. – Camacho F., *Il vangelo di Marco. Analisi linguistica e commento esegetico*, vol. 2, Cittadella editrice, Assisi 2012.

Mateos J. – Camacho F., *Il vangelo di Marco. Analisi linguistica e commento esegetico*, vol. 3, Cittadella editrice, Assisi 2010.

Mendonça J. T., *La mistica dell'istante*, Vita e Pensiero, Milano 2015.

Nobile M., *1-2 Re. Nuova versione, introduzione e commento*, Paoline, Milano 2010.

Otto R., *Il sacro. Sull'irrazionale nell'idea del divino e il suo rapporto con il razionale*, Morcelliana, Brescia 2011.

Paganini S., *Deuteronomio. Nuova versione, introduzione e commento*, Paoline, Milano 2011.

Pesch R., *Commentario teologico del nuovo testamento. Il Vangelo di Marco*, parte I, Paideia, Brescia 1980.

Pesch R., *Commentario teologico del nuovo testamento. Il Vangelo di Marco*, parte II, Paideia, Brescia 1982.

Power D. N., *Il mistero eucaristico*, Queriniana, Brescia 1997.

Priotto M., *Esodo. Nuova versione, introduzione e commento*, Paoline, Milano 2014.

Rahner K., *Chiesa e sacramenti*, Morcelliana, Brescia 1969.

Rahner K., *Corso fondamentale sulla fede. Introduzione al concetto di cristianesimo*, Paoline, Roma 1977.

Ratzinger J., *Dogma e predicazione*, Queriniana, Brescia 2018[3].

Ries J., *Alla ricerca di Dio. La via dell'antropologia religiosa*, Jaca Book, Milano 2009.

Sacchi A., *Cibo*, in *Nuovo dizionario di teologia biblica*, a cura di P. Rossano – G. Ravasi – A. Girlanda, Paoline, Cinisello Balsamo (Mi) 1988.

Scandroglio M., *Michea. Nuova versione, introduzione e commento*, Paoline, Milano 2017.

Scordato C., *Il settenario sacramentale. Introduzione e indagine biblica*, vol. 1/I, Pozzo di Giacobbe, Trapani 2007.
Scordato C., *Il settenario sacramentale. Riflessione sistematica*, vol. 1/III, Pozzo di Giacobbe, Trapani 2007.

Siviglia I., *Antropologia teologica in dialogo*, Edb, Bologna 2007.

Sorci P., *Paschale Mysterium. Studi di liturgia*, Città Nuova, Roma 2014.

Staglianò A., *Il mistero del Dio vivente. Per una teologia dell'Assoluto trinitario*, Bologna 2002.

Taylor V., *Marco. Commento al Vangelo messianico*, Cittadella, Assisi 1977.

Theobald C., *Vocazione?!*, EDB, Bologna 2011.

Tomatis P., *Accende lumen sensibus. La liturgia e i sensi del corpo*, CLV, Roma 2010.

Trapani G., *Nel corpo di Gesù Cristo la nuova umanità*, in «Ho Theológos» 3 (2009).

Trapani V., *La fede professata, celebrata, vissuta*, in «Ho Theológos» 3 (2006).

Yannaras C., *La libertà dell'ethos*, Qiqajon, Magnano (BI) 2014.

Zizioulas I., *Comunione e alterità*, Lipa, Roma 2016.

Indice

Printed by Books on Demand GmbH, Norderstedt / Germany